Märchen aus der Ukraine

Über dieses Buch

Gemeinsam mit den gewitzten, mutigen und leidgeprüften Helden der ukrainischen Märchen entdecken wir ihre schöne Heimat. Wir begleiten sie beim Kampf mit Drachen und anderen Unholden, fliegen mit dem Rabenkönig und in einem Schiff durch die Luft und begegnen dem hölzernen Kindlein Telessik, Boris Dreiersohn und dem Waldkönig Och. In fünf Kapiteln finden wir „Helden und Abenteuer“, „Klugheit und List“, erfahren schöne und traurige Weisheiten „Vom Miteinander“, „Die Macht des Schicksals“ und „Unverhofftes Glück“.

Über die Autorin

Michaela Brinkmeier, Jahrgang 1968, ist promovierte Germanistin, studierte außerdem Kunstgeschichte und Journalistik. Sie arbeitet freiberuflich als Märchenerzählerin und Harfenspielerin, Autorin, Klangtherapeutin, Klangpädagogin und Meditationslehrerin und gibt Seminare in Klöstern und Erwachsenenbildungs-Einrichtungen zu Märchen, Meditation, Klang und Entspannung. Infos:
www.Sterntaler-Harfe.de
www.Klang-und-Meditation.com

Märchen aus der Ukraine

zum Erzählen und Vorlesen

Herausgegeben und erzählt
von Michaela Brinkmeier

KÖNIGSFURT URANIA

Bibliographische Information der Deutschen Nationalbibliothek

Die Deutsche Nationalbibliothek verzeichnet diese Publikation in der Deutschen Nationalbibliographie; detaillierte bibliographische Daten sind im Internet über http://dnb.d-nb.de abrufbar.

Originalausgabe
3. Auflage 2024

Königsfurt-Urania Verlag GmbH
Ringstr. 32, D-24103 Kiel
info@koenigsfurt-urania.com · www.koenigsfurt-urania.com

Lektorat: Brunhilde Noffke, Bovenau
Satz: Stefan Hose, Götheby-Holm
Umschlaggestaltung: Martina Künzer, unter Verwendung der folgenden Motive von Adobe Stock: Bright yellow flowers of sunflowers in a field of golden wheat on blue sky background © anisha_mur, Oil paintings rural landscape, field in the countryside © yaroslavartist
Druck und Bindung: Finidr s.r.o., Tschechische Republik
Printed in EU

ISBN 978-3-86826-095-3

Inhalt

Helden und Abenteuer

Klugheit und List

Vom Miteinander

Die Macht des Schicksals

Unverhofftes Glück

Vorwort

Wenn wir in die ukrainische Märchenwelt eintauchen, bekommen wir eine Ahnung davon, was die Ukrainer über die Jahrhunderte geprägt und bewegt hat. Es sind ganz wunderbare Geschichten, die das Herz und die Seele berühren, manchmal auch unter die Haut gehen. So phantastisch und abenteuerlich sie auch sind, sie wirken oft mitten aus dem Leben gegriffen.

Mir sind sie beim Schreiben dieses Buches sehr ans Herz gewachsen, die ukrainischen Märchenhelden: Kullererbse, Boris Dreiersohn, das hölzerne Kindlein Telessik und all die anderen namenlosen Helden.

Wenn wir erleben, dass die Märchenhelden buchstäblich durchs Feuer gehen müssen, mit bösen Drachen kämpfen, als kleiner Hirte dem Zaren die Stirn bieten, eine Königstochter aus dem unterirdischen Reich eines bösen Männleins befreien, die Sorgenkobolde und einen hochmütigen Gutsherrn überlisten, dann hoffen und bangen wir mit ihnen.

Heldenmut und Abenteuer, Gewitztheit und Kühnheit, Kummer und Leid, aber auch Herzensgüte und Gottvertrauen sprechen aus den Märchen der Ukraine. Und die Hoffnung, dass allen Irrungen und Wirrungen, allen widrigen Wendungen des Schicksals zum Trotz am Ende alles gut wird.

Möge es den Menschen in der Ukraine und ihrem schönen Land auch so ergehen.

Und mögen diese Volksmärchen Ihnen, liebe Leser, liebe Vorleser, Erzähler und Zuhörer, Freude bereiten und Sie ein wenig verzaubern.

Michaela Brinkmeier

Helden
und Abenteuer

OCH

Früher war es nicht so wie jetzt, früher geschahen noch allerhand Wunder auf der Welt, und auch die Welt selbst war nicht so, wie sie jetzt ist. Zu unsrer Zeit gibt es von alledem nichts mehr. Ich will euch ein Märchen erzählen vom Waldkönig Och, was das für ein Kerl war.

Vor langer Zeit, früher noch, als unsre Erinnerung zurückreicht, vielleicht waren auch unsre Väter und Großväter noch nicht einmal auf der Welt, da lebte ein armer Mann mit seiner Frau, und sie hatten nur einen einzigen Sohn, aber der war nicht so geraten, wie es sein sollte: Er war so faul, dass Gott erbarm! Nichts tat er, und kaltes Wasser ließ er nicht an sich heran, sondern lag immer nur auf dem Ofen und wühlte in der Hirse herum. Er war vielleicht schon zwanzig Jahre alt, aber er saß noch immer ohne Hosen auf dem Ofen und kroch nie hinunter; gab man ihm zu essen, so aß er, gab man ihm nichts, so war er auch damit zufrieden.

Vater und Mutter aber waren sehr bekümmert und sprachen: »Was sollen wir mit dir anfangen, wo du doch zu nichts zu gebrauchen bist? Andere Kinder sind ihren Eltern eine Hilfe, aber du frisst ganz unnütz unser Brot!« Er wollte aber von Arbeit nichts wissen, saß da und wühlte in der Hirse.

Zu unsrer Zeit, was so die fünf-, sechsjährigen Buben sind, die tragen schon Hosen und helfen den Eltern; jener aber war ein Kerl fast bis zur Decke und ging immer ohne Hosen.

Vater und Mutter grämten und grämten sich, und schließlich sagte die Mutter: »Was denkst du, Alter, mit ihm anzufangen, wo er doch schon erwachsen ist, aber solch ein Nichtsnutz, dass er keine einzige Arbeit versteht? Du solltest ihn irgendwohin geben und ihn verdingen, vielleicht lernt er etwas bei fremden Leuten.« So beschlossen sie es, und der Vater gab ihn zum Schneider in die

Lehre. Dort blieb er drei Tage, dann lief er davon; er kroch auf den Ofen und wühlte aufs Neue in der Hirse.

Der Vater schimpfte, verpasste ihm eine Tracht Prügel und gab ihn zu einem Schuster, das Schusterhandwerk zu erlernen. Aber er lief auch dort davon.

Der Vater prügelte ihn wieder und tat ihn zu einem Schmied in die Lehre. Doch er blieb auch dort nicht lange und lief fort.

Was sollte der Vater da machen? »Ich will den Faulpelz in ein anderes Reich bringen und dem Erstbesten verdingen, vielleicht läuft er dort nicht davon.« Und er führte ihn fort.

Sie gingen und gingen, lange oder auch nicht lange, und kamen schließlich in einen Wald, der war so dunkel, dass man nur noch Himmel und Erde zu sehen vermochte. Als sie den Wald durchschritten hatten, waren sie müde geworden; am Wege aber stand gerade ein verkohlter Baumstumpf. Da sprach der Vater: »Ich will mich setzen und ein wenig ausruhen.« Und als er sich auf den Baumstumpf niederließ, sagte er ächzend: »Och! Wie bin ich müde!«

Kaum aber hatte er diese Worte gesprochen, als im selben Augenblick aus dem Baumstumpf ein kleines altes Männchen hervorkroch; ganz runzlig war es, und sein grüner Bart hing ihm bis zu den Knien hinab. »Was brauchst du von mir, guter Freund?«, fragte es. Der Bauer staunte: Von wo ist das wunderliche Ding hergekommen? Und er sprach zu ihm: »Hab' ich dich denn gerufen? Scher dich fort!« »Wie hast du mich denn nicht gerufen?«, erwiderte das Männchen. »Natürlich hast du's getan!« »Wer bist du denn?«, fragte der Bauer. »Ich bin der Waldkönig Och. Warum riefst du mich?« »Pack dich fort, ich hab' nicht daran gedacht, dich zu rufen!«, sagte der Bauer. »Und doch hast du mich gerufen und hast ›Och‹! gesagt.« »Ich war müde geworden, darum hab' ich es gesagt.« »Wohin gehst du denn?«, fragte der Och. »Wohin die Augen schauen! Ich will hier meinen liederlichen Sohn verdingen, vielleicht bringen ihm fremde Leute Vernunft bei, denn daheim lief er fort, wohin ich ihn auch gab.« »Verding ihn mir«, sagte der Waldkönig. »Ich werd' ihn in die Lehre nehmen, aber unter einer

Bedingung: Wenn du ihn nach einem Jahr holen kommst und du erkennst ihn, so nimm ihn mit; erkennst du ihn aber nicht, so muss er mir noch ein Jahr dienen!« »Schon gut«, sagte der Bauer. Und sie bekräftigten es durch Handschlag und tranken darauf den Kauftrunk, wie sich's gehört; dann ging der Bauer heim, den Sohn aber nahm der Och mit sich.

Der Waldkönig führte ihn hinab in jene andere Welt unter der Erde und brachte ihn in eine grüne Hütte, die war von einem Rohrzaun umgeben. In der Hütte aber war alles grün: Die Wände waren grün und die Bänke, Ochs Frau war grün, und die Kinder waren grün, und auch die Wasserweibchen, die bei ihm dienten, kurz – alles, alles. »Na, setz dich«, sagte der Och zu seinem neuen Knecht, »und iss etwas!« Die Nixen brachten ihm Essen, und auch das Essen war grün; und er aß sich satt. »Jetzt geh«, sagte der Waldkönig, »schlag Brennholz klein und trag es her.« Der Knecht ging hinaus. Doch er hatte gerade einmal ein, zwei Hiebe getan, da legte er sich hin und schlief ein. Der Och kam heran und sah ihn schlafen. Da hob er ihn auf, ließ das Holz zusammentragen, fesselte den Knecht und legte ihn darauf, dann zündete er den Holzstoß an. Der Bursche verbrannte! Dann streute der Waldkönig die Asche in den Wind. Eine Kohle aber fiel aus der Asche heraus. Der Och besprengte sie mit Lebenswasser, und da ward der Knecht wieder lebendig, und er war schon ein wenig behänder geworden.

Der Och befahl ihm nochmals, Holz zu hacken, aber der Bursche schlief wieder ein. Und der Waldkönig zündete das Holz an, verbrannte den Knecht, streute die Asche in den Wind, besprengte die Kohle mit Lebenswasser, und der Bursche ward wieder lebendig und so schmuck, wie es keinen zweiten gab!

Und der Waldkönig verbrannte ihn zum dritten Mal und besprengte wieder die Kohle mit Lebenswasser, und aus dem faulen Lümmel ward ein so flinker und schöner Bursche, dass es nicht zu sagen und nicht zu denken, nur im Märchen zu erzählen ist.

Ein Jahr diente er bei dem Waldkönig. Und als das Jahr herum war, ging der Vater seinen Sohn holen. Er kam in den Wald, setzte sich auf den verkohlten Baumstumpf und rief: »Och!« Da kroch der Och aus dem Baumstumpf hervor und sprach: »Guten Tag, Bauer!« »Guten Tag, Och!« »Was willst du denn, Bauer?« »Ich bin gekommen, meinen Sohn zu holen.« »Na, so geh, erkennst du ihn, so nimm ihn mit dir, erkennst du ihn aber nicht, muss er mir noch ein Jahr dienen.« Der Bauer ging mit dem Waldkönig, und sie kamen in seine Hütte. Der Och trug ein Maß Hirse hinaus und streute sie aus: Da lief eine Unmenge von Hähnen zusammen! »Na, such ihn dir heraus«, sagte der Och. »Wo ist denn dein Sohn?« Der Bauer sah sie sich an, doch alle Hähne waren einander gleich, einer wie der andere, und er erkannte seinen Sohn nicht. »Na, dann geh nur wieder, wenn du ihn nicht erkannt hast; ein Jahr dient dein Sohn noch bei mir.« Und der Bauer ging wieder nach Hause.

Als das zweite Jahr herum war, ging der Bauer wieder zum Waldkönig. Er kam zum Baumstumpf und rief: »Och!«. Da kroch dieser zu ihm hinaus und sprach: »Komm, such ihn heraus!« Er führte ihn in die Schafhürde, die war aber voll von Schafen, und eines glich dem anderen. Der Bauer suchte und suchte und fand ihn nicht heraus. »Geh nur heim, wenn's so steht«, sagte der Och. »Dein Sohn wird noch ein Jahr bei mir bleiben.« Und der Bauer ging wieder fort und grämte sich.

Auch das dritte Jahr ging herum. Der Bauer wanderte wieder zum Waldkönig. Und wie er so dahinging, begegnete ihm ein alter Mann, der war so weiß wie Milch, und auch seine Kleider waren weiß. »Guten Tag, Bauer!« »Guten Tag, Alter!« »Wohin führt dein Weg?« »Ich geh zum Och, meinen Sohn auszulösen.« »Wie geht das zu?« Der Bauer erzählte dem weißen Alten, wie er seinen Sohn dem Waldkönig gegeben hatte und unter welcher Bedingung. »Oh, da steht's schlimm, Bauer!«, sagte der Alte. »Der zieht die Sache lang hinaus.« »Ich sehe ja schon selbst, dass es schlecht steht«, erwiderte der Bauer, »aber ich weiß nicht, was in aller Welt ich anfangen soll. Wisst Ihr nicht, wie ich meinen Sohn erkennen kann?« »Ich weiß es wohl!«, meinte der Alte. »Sagt es mir doch, Alterchen, ich will mein Lebtag für Euch beten! Denn immerhin, wie faul er auch gewesen sein mag, er ist doch mein Sohn, mein eigen Blut!« »Hör mal zu«, sagte der Alte, »wenn du zum Och kommst, wird er Tauben herauslassen und sie füttern; dann nimm dir aber keine andere als diejenige, die nicht frisst, sondern unter dem Birnbaum sitzt und sich das Gefieder glattstreicht: Das ist dein Sohn!« Da dankte der Bauer dem Alten und ging weiter.

Er kam zu dem Baumstumpf und rief: »Och!« Der Waldkönig kam sogleich herausgekrochen und führte ihn in sein Reich. Dann schüttete er ein Maß Weizen aus und lockte die Tauben herbei. So viele flogen zusammen, dass Gott erbarm! Und eine war genau wie die andere. »Such deinen Sohn!«, sagte der Och. »Erkennst du ihn – ist er dein, erkennst du ihn nicht – ist er mein!« Alle Tauben pickten den Weizen auf, nur eine saß ganz allein unter dem Birnbaum, hatte sich aufgeplustert und strich sich das Gefieder glatt. Da sprach der Bauer: »Das ist mein Sohn!« »Na, du hast's erraten! So nimm ihn denn auch.« Der Waldkönig verwandelte die Taube, und ein so schmucker Bursche stand da, wie es keinen schöneren auf der Welt gab. Der Vater freute sich von Herzen, umarmte und küsste ihn. »Komm, mein Sohn, lass uns nach Hause geh'n!« Und sie machten sich auf.

Sie gingen ihres Weges und plauderten miteinander. Der Vater fragte, wie es beim Och gewesen wäre, und der Sohn erzählte, wie es ihm beim Waldkönig ergangen war. Dann klagte der Vater, wie elend sie daheim ihr Leben gefristet hatten, und sagte schließlich: »Was sollen wir jetzt anfangen, mein Sohn? Ich bin arm und du bist arm. Drei Jahre hast du gedient und nichts erarbeitet!« »Grämt Euch nicht, Vater, alles wird gut werden. Schaut, dort jagen Herrensöhne hinter den Füchsen her. Ich will mich in einen Windhund verwandeln und den Fuchs fangen, dann werden die jungen Herren mich von Euch kaufen wollen; verkauft mich für dreihundert Rubel, aber nur ohne das Halsband, so werden wir zu Geld kommen und reich werden!«

Und als sie weitergingen, jagten die Hunde am Waldrand den Fuchs und jagten hart hinterher und bekamen ihn doch nicht zu packen. Sofort verwandelte sich der Sohn in einen Windhund, jagte den Fuchs und fing ihn. Die jungen Herren kamen aus dem Wald angesprengt. »Ist das dein Windhund?« »Ja, er ist mein!« »Ein guter Hund! Verkauf ihn uns.« »Kauft nur.« »Was willst du für ihn haben?« »Dreihundert Rubel ohne Halsband.« »Was sollen wir auch mit deinem Halsband? Wir werden ihm ein vergoldetes machen lassen. Hier hast du hundert Rubel!« »Nein.« »Na, so nimm die dreihundert Rubel und gib den Hund her.« Sie zählten ihm das Geld ab, nahmen den Hund mit sich und jagten weiter. Sie ließen den Windhund auf einen Fuchs los, doch er jagte nur kurz hinter dem Fuchs her, dann lief er in den Wald, verwandelte sich wieder in den Burschen und kam zum Vater zurück.

Als sie weitergingen, sprach der Vater: »Was nützt uns das bisschen Geld, mein Sohn; es reicht nur, für die Wirtschaft was anzuschaffen und die Hütte auszubessern.« »Sorgt Euch nicht, Vater, es kommt noch mehr zusammen. Dort jagen Herrensöhne Wachteln mit dem Falken. Ich will mich in einen Falken verwandeln; die jungen Herren werden mich kaufen wollen, und Ihr verkauft mich dann wieder für dreihundert Rubel, aber ohne die Kappe.«

Sie gingen über ein Feld, und die Herren ließen den Falken auf die Wachtel los; der Falke stieß hinab, aber die Wachtel flog davon. Da verwandelte sich der Sohn in einen Falken und stieß sofort auf die Wachtel hinunter. Die jungen Herren sahen es. »Ist das dein Falke?« »Ja, er ist mein.« »Verkauf ihn uns.« »Kauft ihn nur.« »Was willst du für ihn haben?« »Gebt ihr dreihundert Rubel, so nehmt den Falken, aber ohne die Kappe.« »Wir werden ihm eine aus Brokat machen.« Und er verkaufte ihn für dreihundert Rubel. Dann ließen die Herren den Falken auf eine Wachtel los, aber er flog fort, weiter und immer weiter, verwandelte sich wieder in den Burschen und kam zum Vater zurück.

»Na, jetzt sind wir schon ein wenig reicher geworden«, sagte der Vater. Aber der Sohn meinte: »Wartet nur, Vater, es wird noch mehr werden. Wenn wir auf den Jahrmarkt kommen, will ich mich in ein Ross verwandeln, und Ihr verkauft mich dann. Man wird Euch tausend Rubel für mich geben, aber verkauft mich nur ohne das Halfter.« Und als sie in den nächsten Flecken kamen, war dort gerade Jahrmarkt. Der Sohn verwandelte sich in ein Ross, und es war feurig wie ein Drache, so dass man Furcht hatte heranzutreten! Der Vater führte das Ross am Halfter, und es bäumte sich auf und stampfte mit den Hufen auf die Erde! Da stellten sich die Händler ein und feilschten. »Für tausend ohne das Halfter«, sagte der Vater, »dann kriegt ihr es.« »Was brauchen wir das Halfter, wir machen ihm einen Zaum aus Silber und Gold!« Fünfhundert gaben sie. »Nein! Dafür bekommt ihr's nicht.«

Da kam ein Kaufmann heran, der war auf einem Auge blind. »Was willst du, Bauer, für das Ross?« »Tausend, ohne das Halfter.« »He, teuer bist du, mein Lieber! Nimm fünfhundert mit dem Halfter!« »Nein, das passt mir nicht«, sagte der Vater. »Na, sechshundert – hier!« Aber der Kaufmann mochte noch so sehr handeln, der Bauer gab nicht nach. »Gut, ich gebe dir's, Alter, aber mit dem Halfter.« »He, nein! Das Halfter ist mein.« »Guter Freund, hast du schon einmal gesehen, dass man ein Pferd ohne Zaum verkauft? Man kann es ja so nicht einmal dem andern in die Hände geben.« »Wie du willst, aber das Halfter ist mein!«, sagte der Bauer. »Dann will ich dir noch fünf Rubel dazulegen, Alter, aber mit dem Halfter.« Der Bauer überlegte: »Der Zaum ist vielleicht seine drei Silberlinge wert, der Kaufmann aber will fünf Rubel geben.« Da gab er ihm Ross und Halfter. Sie tranken den Kauftrunk drauf, und dann steckte der Bauer sein Geld ein und ging nach Hause, der Kaufmann aber saß auf und ritt davon. Das war aber gar kein Kaufmann, sondern der Och, der hatte sich in den Kaufmann verwandelt und so den Bauern und seinen Sohn überlistet.

Das Ross trug den Waldkönig weit fort, und trug ihn höher als die Bäume und niedriger als die Wolken. Endlich ließen sie sich in dem Walde nieder und kehrten heim zum Och, in das unterirdische grüne Reich. Er ließ das Ross auf der Weide und ging in die Hütte. »Er ist mir nun doch nicht entschlüpft, der Hundesohn!«, sagte er zu seiner Frau. Zur Mittagszeit aber führte der Och das Ross am Zügel zur Tränke an den Fluss. Doch da riss sich das Ross mit einem Mal los, warf sich ins Wasser und verwandelte sich in einen Barsch, der eilends davonschwamm. Der Och besann sich nicht lange, verwandelte sich in einen Hecht und verfolgte den Barsch. Aber sooft er ihn erreicht hatte, sträubte der Barsch seine Flossen und kehrte ihm den Schwanz zu, dass der Hecht ihn nicht zu fassen bekam. Schließlich rief der Hecht:

»Barschlein, Barschlein,
Dreh dein Köpfchen her zu mir,
Komm und plaudere mit mir!«

»Willst du, Gevatter, mit mir plaudern«, sprach der Barsch zum Hecht, »so hör ich dich auch so.« Und wieder hatte der Hecht ihn fast erreicht und rief:

»Barschlein, Barschlein,
Dreh dein Köpfchen her zu mir,
Komm und plaudere mit mir!«

Doch der Barsch sträubte nur die Flossen und sagte: »Willst du das, Gevatter, so hör' ich dich auch so.« Lange jagte der Hecht ihm nach, aber vergebens! Endlich schwamm der Barsch ans Ufer; dort badete gerade die Zarentochter. Der Barsch verwandelte sich in einen Granatring mit goldener Fassung; den erblickte die Zarentochter und hob ihn aus dem Wasser heraus. Sie brachte ihn heim und rühmte sich: »Väterchen, schau, was für einen schönen Ring ich gefunden hab'!« Dem Vater gefiel er, und die Zarentochter wusste gar nicht, an welchen Finger sie ihn stecken sollte, so schön war er!

Und als darauf einige Zeit vergangen war, meldete man dem Zaren, dass ein Kaufmann gekommen sei. Das war aber wieder der Och, der sich verwandelt hatte. Und als der Zar hinausging und fragte: »Was willst du, Kaufmann?«, da antwortete dieser: »Ich bin auf dem Schiff übers Meer gefahren und brachte für meinen Zaren einen Granatring mit, aber ich ließ ihn ins Wasser fallen. Hat nicht vielleicht einer von Euren Dienern den Ring gefunden?« »Nein«, sagte der Zar, »aber meine Tochter hat ihn gefunden.« Und sie riefen sie herbei.

Der Kaufmann bat sie flehentlich, den Ring zurückzugeben, »denn ich kann nicht länger leben«, sagte er, »wenn ich den Ring nicht mitbringe!« Sie gab ihn aber nicht her, und damit gut! Da trat der Vater für den Kaufmann ein und sprach: »Gib ihn her, Töchterchen, sonst kommt der Arme durch uns ins Unglück; gib ihn nur!« Und der Kaufmann bedrängte sie: »Was Ihr nur wollt, nehmt von mir, aber gebt mir nur den Ring wieder!« »Na, wenn es so ist«, sagte die Zarentochter zornig, »soll er nicht mein sein und nicht dein!«, und sie warf den Ring auf die Erde. Da zerfiel der Ring: Die Granatsteine verwandelten sich in Hirsekörner und sprangen in alle Richtungen. Der Och besann sich nicht lange und verwandelte sich in einen Hahn, und fing eilends an, die Körner aufzupicken. Er pickte und pickte und hatte schon fast alles aufgepickt.

Ein Hirsekorn aber war unter den Fuß der Zarentochter gerollt, und das hatte er nicht gefunden. Und als er fertig war, flog er durchs Fenster und machte sich davon.

Das Hirsekorn aber verwandelte sich in einen Burschen, der war so schmuck, dass die Zarentochter sich sofort in ihn verliebte. Und gleich bat sie auch den Zaren und die Zarin, sie mögen ihn ihr zum Manne geben. »Mit keinem anderen werd' ich glücklich werden«, sagte sie, »nur bei ihm ist mein Glück!« Der Zar runzelte wohl die Stirn darüber, dass er die Tochter einem einfachen Kerl geben solle, aber schließlich war er's zufrieden. Und sie segneten die beiden und verheirateten sie und feierten eine solche Hochzeit, dass alle Welt zusammenlief.

Dort war auch ich, Met und Wein trank ich, und kam auch nichts in den Mund, so floss es doch übern Bart, und davon bin ich so weiß geworden.

Der kleine Schafhirte

Es war einmal ein kleiner Hirtenjunge, der hütete tagein tagaus die Schafe. Etwas anderes hatte er nie gelernt. Eines Tages fiel ein riesiger Felsbrocken vom Himmel, geradewegs auf die Schafweide. Der war so groß und schwer, dass ihn drei Männer nicht hätten hochheben können. Der Hirtenjunge aber spielte zum Zeitvertreib mit dem Felsbrocken: Er band ihn an seine Peitsche und schleuderte ihn hoch in den Himmel – so hoch, dass er erst am Abend wieder heruntergeflogen kam und mit einer Wucht aufschlug, dass er tief in der Erde steckte. Solch ein Kerl war das, der Hirtenjunge!

Da geschah es eines Tages, dass ein Drache ins Zarenreich kam und dort sein Unwesen trieb. Er trug gewaltige Steine zusammen und baute sich einen Palast. Dann forderte er, dass man ihm die Zarentochter zuführe. Der Zar erschrak. Seine Tochter ins sichere Verderben schicken? Das konnte und wollte er nicht. Doch wenn er sie nicht auslieferte, würde der Drache schreckliche Rache nehmen und sie mit Gewalt holen. Was also sollte der Zar tun? Er schickte Boten ins ganze Reich und hoffte, einen Ritter zu finden, der stark genug wäre, es mit dem Drachen aufzunehmen und ihn zu töten. Doch die Boten kamen unverrichteter Dinge zurück.

Auch der Hirtenjunge hörte von der Botschaft des Zaren, und da erzählte er im Dorf: »Also, ich könnte den Drachen mit meiner Peitsche töten!« Es sprach sich im ganzen Land herum, dass ein Hirte mit seiner Wunderpeitsche dem Drachen den Garaus machen könne. Schließlich hörte auch der Zar davon und ließ den Hirten holen. Als aber der Zar sah, dass er nur ein kleiner Junge war, rief er überrascht: »Wie kannst du herumprahlen und solche Lügengeschichten erzählen, wo wir so in Not sind!« »Ich lüge nicht«, sagte der kleine Schafhirte kühn, »ich kann den Drachen besiegen!« Und weil sich kein anderer gefunden hatte, der es wagen wollte, die Zarentochter zu retten, ließ sich der Zar darauf ein. Der Hirte forderte als Begleitung zwei Regimenter: ein Sängerregiment und ein Musikerregiment, und der Zar gewährte sie ihm. Da trat der kleine Schafhirte vor die beiden Regimenter und befahl ihnen, als wäre er schon mehr Jahre in der Armee gewesen als er überhaupt lebte. Als der Zar das sah, war er erstaunt und schöpfte Hoffnung.

Der Hirtenjunge zog mit seinen Regimentern zum Drachen. Als der Drachenpalast in Sicht kam, befahl er seinen Truppen: »Halt! Ihr wartet hier. Wenn Staub aus dem Drachenpalast aufsteigt, wisst ihr, dass ich den Drachen erledigt habe. Wenn es aber brennt, ist dies das Zeichen, dass er mich getötet hat.« Er ließ seine Truppen zurück und zog allein weiter.

Der Drache aber war so wild, dass er Feuer spie und jeden, der sich in die Nähe seines Palastes wagte, zu Asche verbrannte. Als er den kleinen Hirten sah, spie er ihm eine gewaltige Flamme entgegen. Der kleine Hirte aber stand da, als wäre nichts geschehen, und ihm war nicht einmal ein Härchen versengt.

»Warum bist du hier?«, fragte der Drache. »Willst du dich schlagen oder vertragen?« »Wie sollte ich mich mit dir vertragen? Ich will gegen dich kämpfen!«, sagte der Hirte. »Na, mein Jüngelchen«, sagte der Drache, »wachse erst einmal, und dann komme in drei Jahren wieder.« »Nein!«, sagte der kleine Hirte. »Ich bin groß genug.« »Und womit willst du gegen mich antreten?«, fragte der Drache. »Hiermit!«, rief der Hirte und holte seine Peitsche hervor, an die der große Felsbrocken gebunden war. »Also dann, komm her und schlag mich«, sagte der Drache. »Oh nein, du sollst zuerst schlagen.« Da nahm der Drache sein Schwert, das war drei Meter lang, holte aus und schlug den kleinen Hirten damit. Doch das Schwert zerbrach in Stücke. »Pass auf«, sagte der Hirtenjunge, »jetzt bin ich an der Reihe.« Und er schwang seine Peitsche mit dem Felsen daran und schlug den Drachen so hart, dass dieser zu Staub zerfiel. Als die Regimenter die Staubwolke über dem Drachenpalast sahen, war der Jubel groß. Die Musikanten spielten fröhliche Lieder und die Sänger stimmten mit ein und ließen den kleinen Hirten hochleben. So zogen sie zum Zarenpalast. Der Zar kam ans Tor und führte den Hirtenjungen in den Palast. Dort durfte er nun leben, und nach ein paar Jahren gab der Zar ihm seine Tochter zur Frau. Er baute dem Brautpaar einen Palast, in dem der Hirte und die Zarentochter glücklich miteinander lebten.

Doch die Herrscher der Nachbarreiche hielten dem Zaren vor, dass er seine einzige Tochter einem dahergelaufenen Hirten zur Frau gegeben hatte. Und sie redeten so lange auf ihn ein, bis es dem Zaren schließlich selbst leidtat und er heimlich Läufer durchs Land schickte, die sollten einen starken Ritter finden, der den Hirten aus der Welt schaffen sollte. Und es fanden sich zwei Ritter, die das erledigen wollten. Der Zar gab ihnen Waffen und sie traten vor den Hirten. Der saß gerade am Tisch und las ein Buch, denn seine Frau hatte ihm das Lesen beigebracht. »Warum seid ihr hier?«, fragte er die Ritter, als sie eintraten. »Kommt ihr in Frieden oder um gegen mich zu kämpfen?« »Wir sind gekommen, um gegen dich zu kämpfen«, sagten sie, und schon schwang der eine Ritter sein Schwert und schlug dem Hirten hart auf die linke Schulter, dass die Klinge in Stücke zerbrach. Da holte der andere Ritter aus und schlug dem Hirten auf die rechte Schulter, aber das Schwert ritzte nur sein Hemd.

Da erhob sich der Hirte, packte die beiden Ritter und schlug sie mit solcher Wucht zusammen, dass sie mit klappernden Knochen zu Boden fielen. Dann ging er zum Zaren und sagte: »Pass auf, sonst ergeht es dir wie deinen Schergen!« Der Zar erschrak und wagte nie wieder, Hand an den Hirten zu legen. Und da hatte der Hirte endlich Ruhe und lebte in Frieden am Zarenhof. Und eines Tages wurde er selbst Zar.

Der Gerber Kirilo

Vor langer Zeit lebte in Kiew ein Fürst, den plagte eine große Sorge: Dicht vor den Toren der Stadt hauste ein böser Drache, und der forderte Tribut: Jahr für Jahr mussten ihm die Bewohner der Stadt ein Kind als Opfer bringen. Das fraß der Drache. Jedes Jahr wurde gelost, und einen traf es. Viele hatten so schon ihr Leben lassen müssen.

Und eines Tages fiel das Los auf die Tochter des Fürsten. Der Fürst konnte nichts tun! Er musste sie dem Drachen ausliefern. Die Fürstentochter aber war so schön, dass es nicht zu sagen ist, und der Drache gewann sie lieb, und er fraß sie nicht, sondern hielt sie bei sich in seiner Drachenhöhle gefangen. Und die Fürstentochter schmeichelte ihm, denn sie wollte am Leben bleiben, und gewann sein Vertrauen.

Doch die ganze Zeit überlegte sie, wie sie die Freiheit wiedergewinnen könne. Da fasste sie eines Tages einen Plan, und sie sprach zum Drachen: »Mein Drache, du bist so stark, so mächtig. Ich frage mich: Gibt es auf der weiten Welt wohl überhaupt einen Menschen, der dich besiegen könnte?«

»Nun, den gibt es«, erwiderte der Drache, »in Kiew, am Dnepr, wohnt in seiner Hütte der Gerber Kirilo Koshemjaki. Wenn der den Ofen heizt, steigt der Rauch bis zum Himmel hoch. Und wenn der an den Dnepr geht, um die Häute zu wässern, nimmt er gleich zwölf Häute auf einmal. Einmal habe ich mich schon mit ihm gemessen: Ich tauchte in den Dnepr und hielt die zwölf Häute im Wasser fest. Er aber merkte es gar nicht und zog sie mühelos heraus, und mich noch dazu. Auf Erden gibt es nur einen, den ich fürchte, und das ist Kirilo Koshemjaki, der Gerber.«

Am andern Tag, als der Drache fort war, schrieb die Fürstentochter einen Brief an ihren Vater, in dem stand: »Liebstes Väterchen, wie Ihr seht: Ich lebe noch! Doch der Drache hält mich in seiner Höhle gefangen. Und es gibt nur einen Menschen auf der Welt, der ihn besiegen kann, das ist der Gerber Kirilo Koshemjaki, der unten am Dnepr wohnt. Schickt Euren Ältestenrat zu ihm. Die Ältesten sollen ihn bitten, ob er bereit ist, gegen den Drachen zu kämpfen, um mich Ärmste aus der Gefangenschaft zu befreien und die Stadt vom Drachen zu erlösen! Aber sie müssen es geschickt anstellen und ihn recht höflich bitten und jedes falsche Wort vermeiden, das ihn etwa kränken könnte. Und er soll auch reichlich Geschenke bekommen. Väterchen: Rettet mich! Und ich will jeden Tag meines Lebens für Euch und den Gerber beten.«

Diesen Brief band die Fürstentochter ihrem kleinen Täubchen ans Bein. Das hatte sie in glücklichen Zeiten daheim in Kiew großgezogen, und es war ihr zum Drachen gefolgt und nun ihre einzige Gesellschaft in der Drachenhöhle. Dann ließ sie das Täubchen aus dem Fenster, und es flog zurück zum Fürstenhof.

Dort liefen gerade die kleinen Brüder und Schwestern der Fürstentochter umher, und als sie das Täubchen sahen, riefen sie: »Väterchen! Seht! Dort, das Täubchen unserer Schwester!« Der Fürst kam in den Hof gelaufen und sein Gesicht hellte sich auf: Mochte dies ein Zeichen von seiner Tochter sein? War sie noch am Leben? Doch dann dachte er traurig: »Ach, was mache ich mir Hoffnung, der verfluchte Drache wird sie längst gefressen haben.« Mit ein paar Brotkrumen lockte er das Täubchen zu sich heran. Und da sah er den Brief an seinem Bein. Er band ihn los und las ihn. Sogleich ließ er seinen Ältestenrat zu sich kommen und berichtete von der Botschaft seiner Tochter. Und er schickte seine Ältesten zum Gerber Kirilo Koshemjaki.

Als diese an Kirilos Hütte kamen, öffneten sie zaghaft die Tür und blieben auf der Schwelle stehen. Und vor Schreck blieb ihnen die Luft weg: Dort saß der Gerber, den breiten Rücken zu ihnen gekehrt, auf dem Boden und walkte mit bloßen Händen zwölf Häute auf einmal. Er war so in seine Arbeit vertieft, dass er die Alten auf seiner Schwelle gar nicht bemerkte. Der Älteste unter ihnen, der auserkoren war, ihr Anliegen vorzutragen, wollte den Gerber nun ansprechen und räusperte sich. Da zuckte Kirilo vor

Schreck zusammen, und – ratsch! – riss er alle zwölf Häute mitten entzwei. Er fuhr herum. Da verneigten sie sich vor ihm bis zur Erde, und der Älteste der Ältesten sagte mit zitternder Stimme: »Der Fürst schickt uns mit einer Bitte zu dir.«

Kirilo aber hatte weder Aug noch Ohr für sie; er sah nur zornig auf die zwölf Häute, die er ihretwegen zerrissen hatte, und schnaufte vor Wut. Und so war all ihr Reden, Bitten und Flehen vergeblich. Vergebens knieten die alten Männer sogar vor ihm nieder. Kirilo hörte ihnen überhaupt nicht zu. Da blieb den Ältesten nichts anderes übrig: Sie mussten gesenkten Hauptes umkehren und dem Fürsten eingestehen, dass sie rein gar nichts erreicht hatten.

Was nun? Der Fürst war betrübt. Die Ältesten waren betrübt. Sie überlegten und berieten, wie sie das Herz des Gerbers erweichen könnten. Endlich sagte der Fürst: »Wir schicken Kinder zu ihm. Die mögen ihn bitten. Vielleicht erbarmt er sich dann.«

Also schickte der Fürst in seiner Verzweiflung Kinder zu dem Gerber. Und als sie vor Kirilo traten und ihn anflehten und weinend vor ihm niederknieten, da ging ein Ruck durch den Gerber, und er weinte mit ihnen und sprach: »Ich will es tun. Für euch!«

Kirilo begleitete die Kinder zurück zum Fürsten und verlangte von ihm zwölf Fässer Pech und zwölf Fuhren Hanf. Er umwickelte sich mit dem Hanf und verpichte alles mit dem Pech. Dann nahm er eine schwere Keule und zog in den Kampf mit dem Drachen.

Und Kirilo Koshemjaki, der Gerber, trat vor den Drachen. Der sprach: »Nun, Kirilo, willst du kämpfen oder dich fügen?« »Fügen? Niemals! Ich will kämpfen, verfluchter Drache!«

Und Kirilo und der Drache kämpften. Die Erde dröhnte von ihren Hieben und Schlägen. Der Drache versuchte, Kirilo mit den Zähnen zu packen und ihn zu zerfleischen, aber er riss ihm nur ein Stück Pech heraus. Dann sprang er ihn wieder an und biss zu, doch er riss ihm nur einen Fetzen Hanf heraus. Kirilo aber setzte dem Drachen gewaltig mit seiner Keule zu, sodass er schrecklich in Hitze geriet und schon zu glühen begann. Da lief der Drache zum Dnepr, um sich im Wasser zu kühlen und seinen Durst zu stillen. Kirilo nutzte die Gelegenheit und umwickelte sich mit neuem Hanf und strich frisches Pech darauf. Als dann der Drache aus dem Wasser stieg und auf ihn zuschoss, hatte Kirilo neuen Mut gefasst und ließ die Keule unablässig auf ihn niedersausen.

In der Stadt aber standen die Menschen und beteten und warteten bangen Herzens auf das Ende des Kampfes. Und dann, endlich, erschlug Kirilo den Drachen. Kirilo Koshemjaki, der Gerber, war es, der den Drachen tötete. Er war es, der die Fürstentochter befreite und die schöne Stadt Kiew vom Drachen erlöste.

Da herrschte großer Jubel in der Stadt, und alle Glocken läuteten. Der Fürst war überglücklich und sprach: »Ich bin dir zu ewigem Dank verpflichtet. Kiew ist dir zu ewigem Dank verpflichtet. Was wünschst du dir als Lohn dafür, dass du uns vom Drachen befreit hast?« Kirilo aber sagte: »Ich habe es für die Kinder getan.«

Seit jener Zeit aber nennt man das Wäldchen unten am Dnepr, wo einst Kirilo Koshemjaki, der Gerber, wohnte, »Koshemjaki«.

Kullererbse

Es waren einmal ein Mann und eine Frau, die hatten sechs Söhne und eine Tochter. Eines Tages schickte der Vater seine Söhne zum Pflügen. Da meinten sie: »Wir werden gewaltigen Hunger bekommen von der Arbeit, Väterchen! Was sollen wir essen?« Und so sagte der Vater zu seiner Tochter: »Aljonka, bringe heute den Brüdern das Mittagessen aufs Feld.« »Das will ich gern tun«, antwortete sie, »aber wie soll ich sie finden? Ich weiß ja nicht, wo sie pflügen.« Da sprach der älteste Bruder: »Wir werden auf dem Weg eine Furche bis zum Feld ziehen, folge nur immer dieser Furche!«

Auf dem Weg zum Feld aber kamen die Brüder durch einen Wald, und dort wohnte ein Drache. Als der die Furche sah, schüttete er sie zu und zog eine neue, die geradewegs zu seiner Drachenburg führte. Wie nun Aljonka mit dem Essen auf dem Weg zum Feld war, folgte sie immer der Furche und kam so statt zu den Brüdern geradewegs zum Drachen. Da war sie in seiner Gewalt.

Die Brüder aber warteten und warteten und kamen abends hungrig heim und schimpften: »Mutter! Den lieben langen Tag haben wir gepflügt und mussten hungern, weil Aljonka kein Essen gebracht hat!« »Aber ich habe sie doch mit dem Essen losgeschickt!«, rief die Mutter und ahnte Böses. »Die Arme wird sich doch wohl nicht verirrt haben?« Da gingen die Brüder sofort hinaus, ihre Schwester zu suchen. Sie folgten immer der Furche und kamen so zu der Drachenburg.

Sie gingen hinein, und da sahen sie ihre Schwester. Die aber rief: »Versteckt euch! Schnell, bevor der Drache kommt! Er wird euch alle fressen!« Da aber kam der Drache auch schon heran und fauchte: »Fu-fu-fu, ich rieche Menschenfleisch!« Dann sah er die Brüder und rief: »Na, ihr Bürschchen, wollt ihr euch schlagen oder fügen?« »Wir werden uns nicht fügen!«, rief der Älteste.

»Wir schlagen uns.« »Dann lasst uns zur eisernen Tenne gehen«, sagte der Drache. Dort begannen sie zu kämpfen. Aber es dauerte nicht lange, da traf der Drache sie mit dem Schwanz und fegte sie allesamt zu Boden, dass sie kaum mehr atmeten. Dann packte er die Brüder und warf sie in einen dunklen Turm.

Daheim warteten der Mann und die Frau auf ihre Kinder, doch sie kamen nicht zurück. Da weinten sie. Aber was sollten sie machen? Sie lebten nun ganz allein auf dem Hof.

Eines Tages ging die Frau zum Wäschewaschen an den Fluss. Da kullerte eine kleine Erbse den Weg entlang, geradewegs vor ihre Füße. »Was haben wir denn da für eine Himmelsgabe?«, dachte die Frau, hob die Erbse auf und aß sie. Und auf eine Zeit gebar sie einen Sohn. Sie nannten ihn Kullererbse.

Kullererbse aber wuchs nicht nach Jahren, sondern nach Stunden, sodass man ihm beim Wachsen zusehen konnte, wie wenn Weizenteig mit guter Hefe aufgeht. So war er schon bald groß und stark und konnte dem alten Vater zur Hand gehen.

Einmal gruben sie zusammen einen Brunnen, und dabei stießen sie auf einen mächtigen Stein, der war so riesig, dass der Vater Hilfe aus dem Dorf holen ging, um ihn gemeinsam zu heben. Doch während der Vater fort war, hob Kullererbse den schweren Stein ganz allein aus der Erde.

Wie der Vater mit den Leuten herbeikam, bekamen sie Angst vor Kullererbse, weil er solche Riesenkräfte hatte, und wollten ihn erschlagen. Da warf Kullererbse den riesigen Stein in die Luft und fing ihn wieder auf, als würde er mit einem Ball spielen. Als die Leute das sahen, liefen sie vor Schreck davon.

Kullererbse grub mit seinem Vater weiter, da stießen sie auf einen großen Eisenklumpen. Den grub Kullererbse aus und verwahrte ihn daheim.

Eines Tages, sie saßen gerade am Tisch und löffelten Kohlsuppe, fragte Kullererbse: »Mütterchen, Väterchen, sagt: Habe ich denn gar keine Brüder und Schwestern?« Da brachen die Eltern in Tränen aus. »Ach, lieber Sohn«, sagte der Vater, »du hattest sechs Brüder und eine Schwester, aber sie verschwanden eines Tages auf dem Weg zum Feld und kehrten nicht zurück; gewiss haben sie sich im Wald verirrt und sind dort umgekommen, oder der Drache hat sie geholt.« »Dann«, sagte Kullererbse, »muss ich sie suchen gehen.« Die Eltern wollten ihn von seinem Vorhaben abhalten. Die Mutter sagte: »Geh nicht! Sieben Kinder haben wir schon verloren, wir wollen nicht auch dich noch verlieren!« Kullererbse aber sagte: »Ich gehe! Es muss sein!«

Er nahm den großen Eisenklumpen, den er gefunden hatte, und ging damit zum Schmied. »Da«, sagte er, »mache mir daraus ein gutes Schwert. Groß und fest muss es sein!« Und der Schmied machte ihm ein Schwert, so groß und schwer, dass er es kaum aus der Schmiede herausbekam. Kullererbse aber nahm es in die Hand, holte damit zum Schlag aus, und dann schleuderte er es hoch in den Himmel, bis in die Wolken hinein, dass es nicht mehr zu sehen war. Dann ging er nach Hause. Dort sprach er zum Vater: »Ich will ein wenig schlafen. Wenn das Schwert wieder herunterkommt, in zwölf Tagen, wecke mich.« Dann legte er sich hin. Und wirklich: Nach zwölf Tagen kam das Schwert vom Himmel herunter, und der Vater weckte Kullererbse. Der ging zum Schwert und schlug mit der Faust dagegen, um es zu prüfen, da zersprang es in Stücke. »Das taugt nichts«, sagte Kullererbse, »damit brauche ich gar nicht erst loszugehen. Ich brauche ein besseres Schwert!« Dann ging er mit den Stücken zum Schmied und sagte: »Da hast du dein Schwert zurück. Mache mir ein gutes Schwert. Eins, das hält und mir dient.«

Da machte der Schmied ihm aus den Stücken ein neues Schwert, das war noch größer und härter als das vorige. Kullererbse warf es wieder hoch in den Himmel, weit hinter die Wolken, und legte sich schlafen. Nach dreizehn Tagen kam das Schwert vom Himmel herab, und als es aufschlug, bebte die Erde. Davon erwachte Kullererbse. Er ging zu dem Schwert hin, schlug zur Probe gegen die Klinge, doch die bog sich nur ein wenig. »Das Schwert taugt etwas«, sagte Kullererbse, »und nun, Mutter, gib mir etwas Zwieback, dann kann ich ausziehen, meine Brüder und meine Schwester zu suchen.«

Er steckte den Zwieback in die Tasche, nahm das Schwert und verabschiedete sich von den Eltern. Dann machte er sich auf den Weg. Er fand noch die alte Furche, die der Wind schon fast verweht hatte, und ging ihr nach. So kam er in den Wald und gelangte schließlich zur Drachenburg.

Er ging hinein. Dort saß Aljonka, ganz allein. »Ich grüße dich, schönes Mädchen«, sagte Kullererbse. »Sei gegrüßt, junger Freund«, sagte Aljonka, »warum um alles in der Welt bist du hergekommen? Geh rasch wieder fort. Wenn der Drache zurückkommt und dich hier findet, frisst er dich!« »Nun, das werden wir ja sehen!«, sagte Kullererbse. »Aber verrate mir doch, wer du bist.« »Aljonka heiße ich«, sagte sie. »Eines Tages geriet ich in den Wald und der Drache raubte mich, und meine armen Eltern verloren ihre einzige Tochter und ihre sechs Söhne noch dazu. Denn als meine Brüder kamen, mich zu befreien, hat der Drache sie in den Turm geworfen.« Dann seufzte sie und fügte hinzu: »Ich weiß nicht einmal, ob sie überhaupt noch am Leben sind.«

»Nun, so werd' ich dich befreien«, sagte Kullererbse, »und deine Brüder auch.« Aber Aljonka entgegnete: »Wie stellst du dir das vor? Wenn alle sechs zusammen den Drachen nicht besiegen konnten, wie willst du es da ganz allein schaffen?« »Nun, das werden wir ja sehen!«, sagte Kullererbse, dann setzte er sich ans Fenster und hielt nach dem Drachen Ausschau.

Es dauerte nicht lange, da kam er auch schon angeflogen, blähte die Nüstern und fauchte: »Fu-fu-fu, ich rieche Menschenfleisch!« Da trat Kullererbse vor den Drachen und sagte: »Das will ich wohl meinen, denn ich bin ja hier!« »Oho, Bürschchen, und was willst du?«, fragte der Drache. »Willst du dich schlagen oder fügen?« »Mich fügen?«, rief Kullererbse. »Das kommt nicht in Frage!« »Dann lass uns zur eisernen Tenne gehen«, sagte der Drache. Kullererbse aber sagte ruhig: »Nur zu!«

Sie gingen also auf die eiserne Tenne. Dort sagte der Drache: »Den ersten Schlag hast du.« Kullererbse aber erwiderte: »Nein, du zuerst.« Da holte der Drache mit seinem Schwert aus und schlug Kullererbse bis zu den Knöcheln in den eisernen Boden hinein. Der aber stieg wieder heraus, schwang sein Schwert, ließ es auf den Drachen niedersausen und hieb ihn bis zu den Knien in den eisernen Boden hinein. Unter entsetzlichem Gestöhne riss sich der Drache los, holte erneut aus und schlug Kullererbse bis über die Knie in den Boden. Kullererbse aber konnte sich rasch befreien, holte aus und hieb den Drachen bis zur Hüfte in den Boden. Dann sammelte er all seine Kraft, holte zum dritten Schlag aus und hieb dem Drachen den Kopf ab.

Nun ging Kullererbse in den Turm, stieg hinab ins finstere Verlies, öffnete Schloss und Riegel und befreite seine Brüder, doch er gab sich nicht als ihr Bruder zu erkennen. Dann sammelten sie die Schätze des Drachen ein und machten sich alle zusammen auf den Heimweg. Unterwegs ruhten sie unter einer großen Eiche, und Kullererbse war vom Drachenkampf so erschöpft, dass er einschlief.

Da steckten die Brüder die Köpfe zusammen und berieten sich. Und der eine sagte: »Was werden die Leute sagen, wenn sie erfahren, dass wir sechse den Drachen nicht besiegen konnten und Kullererbse ihn ganz allein getötet hat? Sie werden uns auslachen!« Ein anderer sagte: »Und die Schätze will er gewiss für sich behalten!« Und ein dritter sagte: »Am besten, wir nutzen die Gelegenheit, jetzt, wo er nichtsahnend schläft, und binden ihn so fest an den Baum, dass er nicht wieder loskommt. Die wilden Tiere werden ihn zerreißen, und wir sind unsere Sorgen los.« Und so machten sie es. Sie banden ihn an den Baum und gingen weiter. Kullererbse aber schlief tief und fest und merkte von alledem nichts. Er schlief den ganzen Tag und die ganze Nacht, und als er am andern Morgen erwachte, fand er sich ganz allein, festgebunden.

Da aber reckte er sich mit solcher Kraft empor, dass er die Eiche samt Wurzeln ausriss. Und mit dem Baum auf der Schulter ging Kullererbse heimwärts.

Unterdes waren die Brüder und Aljonka zuhause angekommen. Da fragten sie die Mutter: »Sag, hast du nach uns noch mehr Kinder gehabt?« »Aber ja!«, sagte die Mutter. »Kullererbse! Euer

Bruder ist fortgezogen, euch zu suchen.« Da sahen die Brüder, was sie getan hatten, und es reute sie. »Rasch, lasst uns umkehren und ihn losbinden«, sagte der älteste. Aber da kam Kullererbse schon heran, und er war so zornig, dass er die Eiche aufs Haus krachen ließ, dass es bebte. Und er rief: »Solche Brüder seid ihr also! Auf Nimmerwiedersehen! Ich ziehe in die Welt hinaus!« Dann nahm er sein Schwert auf die Schulter und ging fort.

Nach einer Weile führte ihn sein Weg an zwei Berge. Und da sah er dazwischen einen Mann, der stemmte Hände und Füße gegen die Berge und schob sie auseinander. »Sei gegrüßt, guter Mann, was machst du da?«, fragte Kullererbse. »Na, die Berge auseinanderschieben«, sagte der Mann, »damit ich einen Weg hindurch habe.« »Und wozu brauchst du den?« »Na, ich will das Glück suchen.« »Das trifft sich gut!«, sagte Kullererbse froh. »Ich suche nämlich auch das Glück! Sag, wie heißt du denn?« »Bergschieber. Und du?« »Kullererbse. Wollen wir gemeinsam weitergehen?« »Ist recht«, sagte Bergschieber.

Lange gingen sie, schließlich kamen sie an einen Wald. Da sahen sie einen Mann, der riss mit einer Hand die Eichen samt Wurzel aus der Erde. »Sei gegrüßt, guter Mann, was machst du da?«, fragte Kullererbse. »Na, Bäume ausreißen«, sagte der Mann, »damit ich besser durchgehen kann.« »Und wo willst du hin?« »Na, das Glück suchen.« »Das trifft sich gut!«, sagte Kullererbse froh. »Wir suchen nämlich auch das Glück! Sag, wie heißt du denn?« »Eichenreißer. Und ihr?« »Kullererbse und Bergschieber. Wollen wir gemeinsam weitergehen?« »Ist recht«, sagte Eichenreißer.

Nun waren sie schon zu dritt. Lange gingen sie, schließlich kamen sie an einen Fluss. Da sahen sie einen Mann, der zwirbelte seinen gewaltig langen Bart und legte ihn quer über den Fluss, und das Wasser ging bis auf den Grund auseinander. »Sei gegrüßt, guter Mann, was machst du da?«, fragte Kullererbse. »Na, das Wasser aufhalten«, sagte der Mann, »damit ich über den Fluss komme.« »Und wohin willst du?« »Na, das Glück suchen.« »Das trifft sich gut!«, sagte Kullererbse froh. »Wir suchen nämlich auch das Glück! Sag, wie heißt du denn?« »Bartzwirbler. Und ihr?« »Kullererbse, Bergschieber und Eichenreißer. Wollen wir gemeinsam weitergehen?« »Ist recht«, sagte Bartzwirbler.

So zogen sie also zu viert weiter. Wo ein Berg im Weg war, schob Bergschieber ihn beiseite. Wo ein Wald im Weg war, machte Eichenreißer Platz, und wo ein Fluss war, hielt Bartzwirbler das Wasser auf.

Endlich kamen sie an einen großen, dunklen Wald. Dort fanden sie eine Hütte. Sie traten hinein, doch es war niemand darin. »Hier wollen wir die Nacht verbringen«, sagte Kullererbse. Und so geschah es. Am andern Morgen sprach Kullererbse: »Wir wollen noch eine Weile bleiben und uns für die Weiterreise stärken. Wir machen es so: Du, Bergschieber, bleibst hier und kochst Essen mit dem, was du findest, und wir andern gehen auf die Jagd.« Und so machten sie's. Als Bergschieber das Essen fertiggekocht hatte, ruhte er sich aus.

Da pochte es plötzlich an der Türe: »Mach mir auf!« »Na, du bist doch kein feiner Herr, kannst die Tür selbst aufmachen«, gab Bergschieber unwirsch zur Antwort. Langsam ging die Tür auf, da rief es: »Hilf mir hinein!«. »Kannst selbst über die Schwelle steigen.« Da kam ein winzig kleines Männlein herein, das hatte einen so langen Bart, dass er ellenlang hinterherschleifte. Mit einem Mal aber sprang es behände hoch, packte Bergschieber beim Schopfe und hängte ihn mit einem Satz an einen Nagel in der Wand. Dort zappelte er und musste mit ansehen, wie das Männlein alles, was er gekocht hatte, bis auf den letzten Bissen aufaß. Dazu becherte es ordentlich, dass kaum ein Tropfen übrigblieb. Und als es satt und zufrieden war, ging es zu dem Nagel in der Wand und prügelte Bergschieber tüchtig durch. Dann verschwand das Männlein wieder im Walde.

Bergschieber aber riss sich mit Müh und Not vom Nagel los, wobei er ein ganzes Büschel Haare verlor, dann seufzte er und fing noch einmal von vorne an mit dem Essenkochen. Er stand noch am Herd, da kamen schon die anderen heim. »Warum ist das Essen noch nicht fertig?«, fragte Kullererbse. »Bin eingenickt«, log Bergschieber, weil er sich schämte. Sie aßen und beschlossen, noch eine Nacht in der Waldhütte zu bleiben.

Am andern Morgen sprach Kullererbse: »Heute bleibst du hier, Eichenreißer, und wir andern gehen auf die Jagd.« Und so geschah es. Eichenreißer kochte und briet fleißig, und als er alles zubereitet hatte, ruhte er sich aus. Da pochte es an der Türe: »Mach mir auf!« »Bist kein feiner Herr, kannst die Tür selbst aufmachen«, gab Eichenreißer zur Antwort. Die Tür ging auf, und es rief: »Hilf mir hinein!« »Kannst selbst über die Schwelle steigen.« Da kam wieder das winzig kleine Männlein mit dem ellenlangen Bart herein, packte Eichenreißer beim Schopfe und hängte ihn am Nagel an die Wand. Dann aß es alles bis auf den letzten Bissen auf und becherte ordentlich. Und als es satt und zufrieden war, prügelte es Eichenreißer tüchtig durch und verschwand wieder im Walde.

Mit Müh und Not riss sich Eichenreißer vom Nagel los und fing noch einmal von vorne an mit dem Essenkochen. Da kamen schon die anderen heim. »Warum ist das Essen noch nicht fertig?«, fragte Kullererbse. »Bin eingenickt«, log Eichenreißer, denn auch er schämte sich. Und Bergschieber dachte sich seinen Teil. Sie aßen und beschlossen, noch eine Nacht in der Waldhütte zu bleiben.

Am andern Morgen war Bartzwirbler an der Reihe mit Essenkochen. Doch ihm erging es nicht anders: Er landete an der Wand, wurde durchgewalkt und musste alles noch einmal kochen. Da sprach Kullererbse: »Wir machen es so: Morgen geht ihr auf die Jagd und ich bleibe in der Hütte.« Und so geschah es.

Am andern Tag, als Kullererbse das Essen fertig hatte und sich ausruhte, pochte es an der Türe: »Mach mir auf!« »Warte, ich komme!«, rief Kullererbse, eilte zur Tür und öffnete. Da stand das winzig kleine Männlein mit dem ellenlangen Bart und sprach: »Hilf mir hinein!« Und Kullererbse nahm es bei der Hand und führte es über die Schwelle. Mit einem Mal aber sprang es behände hoch und wollte Kullererbse beim Schopfe packen und an die Wand hängen. Kullererbse aber packte das Männlein beim Bart und zerrte es nach draußen. Er nahm ein Beil und schleppte das

Männlein zu einer Eiche, dann hieb er einen Spalt in den Stamm und klemmte den Bart des Männleins hinein. »Du wolltest mir also an den Kragen?«, sagte Kullererbse. »Dann musst du hier warten, solang' es mir beliebt!« Dann ging er zurück in die Hütte. Dort waren schon die anderen. »Und? Wie sieht's mit dem Essen aus?«, fragten sie. »Gut!«, sagte Kullererbse. »Schon lange fertig, lasst es euch schmecken!« Und als sie alle satt und zufrieden waren, sagte er: »So, und nun kommt mit hinaus, ich will euch etwas Wunderliches zeigen.«

Doch als sie zu der Stelle kamen, wo Kullererbse das Männlein hingesperrt hatte, war es fort, samt Eiche. Da erzählte Kullererbse, was geschehen war, und auch die anderen rückten nun mit der Wahrheit heraus. »Na, das ist mir ja ein Kerlchen!«, sagte Kullererbse. »Kommt, lasst es uns suchen.«

Sie folgten der Spur, die das Männlein mit dem Eichbaum hinterlassen hatte. Schließlich kamen sie an eine dunkle Grube, die war so tief, dass der Grund nicht zu sehen war. Da sagte Kullererbse: »Steig hinab, Bergschieber!« Der aber sagte: »Warum ich? Soll's doch ein anderer machen.« Sprach Kullererbse: »Na, dann steig du hinab, Eichenreißer!« Der aber wollte auch nicht. »Dann du, Bartzwirbler!« Doch auch der weigerte sich. »Na, dann muss ich wohl selbst hinab«, sagte Kullererbse. Da machten sie einen langen, langen Strick. Das eine Ende wickelte sich Kullererbse um die Hand, und sie ließen ihn hinab. Es wurde dunkel und immer dunkler, doch dann wurde es mit einem Mal wieder heller, und Kullererbse kam endlich am Grunde der Grube an.

Und wie erstaunte er, als er dort unten ein prächtiges Schloss sah, das strahlte und glänzte von Gold und Edelsteinen. Kullererbse ging hinein und schritt durch die herrlichen Gemächer. Da kam ihm eine Jungfrau entgegen, die war so schön, dass es weder zu sagen noch zu erzählen ist. Sie sprach: »Sei gegrüßt, lieber Freund, warum kommst du her?« »Ich suche ein winzig kleines Männlein mit ellenlangem Bart«, sagte Kullererbse. »Oh!«, rief die Jungfrau. »Das sitzt dort hinten und versucht, seinen Bart aus einer Eiche zu ziehen. Aber geh nicht zu ihm, denn es schlägt dich noch tot!«

»Nun, das werden wir ja sehen!«, sagte Kullererbse. »Denn ich war es ja, der ihm den Bart einklemmte.« Dann setzte er hinzu: »Doch sage mir: Warum bist du hier unten?« »Ach!«, seufzte sie. »Ich bin eine Königstochter, und das Männlein hat mich geraubt und hält mich hier gefangen.« »Ich werde dich befreien«, sagte Kullererbse. »Führe mich zu ihm.«

Die Königstochter freute sich und führte ihn zu dem Männlein. Das aber hatte den Bart gerade schon aus der Kerbe gezogen, und als es Kullererbse sah, schrie es: »Was hast du hier zu suchen? Willst du dich schlagen oder fügen?« »Mich fügen?«, rief Kullererbse. »Das kommt nicht in Frage!« Und dann begann ein schrecklicher Kampf: Lange kämpften sie miteinander, und die Königstochter sah sich schon verloren, da holte Kullererbse mit seinem Schwert aus und erschlug den bösen Alten. Dann sammelte er mit der Königstochter Gold und Edelsteine in drei große Säcke und ging mit ihr zu dem Seil. Dort rief er hinauf: »He-da, Gesellen! Seid ihr noch da?« »Ja-a!«, tönte es zurück. Da band Kullererbse das Seil um einen Sack und rief: »Das soll euch gehören, zieht es hinauf!« Die drei Gesellen zogen den Sack hoch, ließen das Seil wieder herunter, und Kullererbse band den zweiten Sack daran. »Das soll euch auch gehören, zieht es hinauf!« Und mit dem dritten Sack geschah es ebenso.

Dann schlang Kullererbse das Seil um die Königstochter und rief: »Aber das soll mir gehören!« Die Gesellen zogen die Königstochter herauf. Nun war Kullererbse an der Reihe. Die drei aber steckten die Köpfe zusammen und berieten sich. Und der eine sagte: »Warum sollen wir ihn heraufziehen? Besser ist's, wir behalten die Königstochter für uns!« Und der andere sagte: »Wir ziehen das Seil nur halb hoch und lassen dann los.« Und der dritte sagte: »Er wird sich zu Tode stürzen, und wir sind ihn los!« Kullererbse aber überkam eine Ahnung, und er nahm einen großen Stein und band diesen an das Seil, dann rief er hinauf: »Nun zieht mich hinauf, Freunde!« Sie zogen, doch auf halber Höhe ließen sie ihn fallen, und als der Stein unten aufschlug, da meinten sie, es wäre Kullererbse.

»So ist das also«, sagte Kullererbse und machte sich dort unten auf den Weg durch jene Welt. Lange ging er so, sehr lange, da zogen dunkle Wolken auf, und es regnete und hagelte gewaltig. Kullererbse suchte Schutz unter einer Eiche. Da hörte er von oben ein klägliches Schreien. Er schaute hinauf und sah dort ein riesiges Adlernest. »Die jungen Adler werden bei diesem Unwetter noch sterben!«, dachte Kullererbse, und er kletterte den Baum hinauf zu dem Nest und deckte die Vogelkinder mit seinem Mantel zu. Dann kletterte er wieder nach unten.

Als das Unwetter vorüber war, kam ein riesiger Adler herbeigeflogen, es war der Adlervater. Und als der sah, dass seine Kinder wohlbehütet unter dem Mantel waren und noch lebten, fragte er: »Wer hat euch zugedeckt?« »Wir sagen es nur, wenn du versprichst, ihn nicht zu fressen!«, riefen die Vogelkinder. »Na, na, ich werde ihn doch nicht fressen!«, sagte der Adlervater. »Unten am Fuße des Baumes sitzt ein Mensch, der war's, der hat uns gerettet!«

Da flog der Adlervater herunter zu Kullererbse und sprach: »Ich bin dir zu großem Dank verpflichtet, denn du hast meinen Kindern das Leben gerettet! Zum ersten Mal blieben meine Kinder am Leben, alle anderen kamen im Nest um. Denn jedes Mal, wenn ich für Nahrung fortflog, hat sie der Hagel erschlagen oder der Regen hat sie ersäuft. Sage mir also, was du dir wünschst, und ich will es dir geben.« »Dann bringe mich fort von hier und trage mich wieder hinauf, nach oben!«, sagte Kullererbse. »Dein Wunsch ist nur sehr schwer zu erfüllen«, sagte der Adler, »aber ich habe es dir nun einmal versprochen, und es muss gelingen. So höre: Damit ich genug Kraft habe, dich nach oben zu tragen, müssen wir sechs Fässer Fleisch und sechs Fässer Wasser mit auf die Reise nehmen. Wende ich dann im Fluge meinen Kopf nach rechts, so musst du mir zu fressen geben. Und wende ich ihn nach links, so musst du mir zu trinken geben. Nur so kann ich den Flug aushalten.«

Als sie Fleisch und Wasser beisammenhatten, setzte sich Kullererbse auf den Rücken des Adlers, und sie flogen los. Lange flogen sie, sehr lange. Wandte der Adler seinen Kopf nach rechts, warf Kullererbse ihm Fleisch in den Schnabel; wandte er den Kopf nach links, gab er ihm einen Schluck Wasser.

Sie waren schon fast oben angelangt, da wandte der Adler den Kopf noch einmal nach rechts. Aber ach, da war kein Fleisch mehr im Fass! Kein einziger Bissen! Da nahm Kullererbse kurzerhand sein Messer und schnitt sich ein Stück aus dem Bein, das warf er dem Adler in den Schnabel, und sie gelangten glücklich nach oben.

Dort fragte der Adler: »Was war das für ein Bissen, den du mir zuletzt gegeben hast?« »Das war der Bissen hier«, sagte Kullererbse und zeigte auf sein Bein. Da spie der Adler den Bissen wieder aus und sagte: »Warte hier auf mich.« Dann flog er davon. Nach einer Weile kam er zurück, legte den Bissen auf das wunde Bein und begoss es mit Wasser, das er herbeigeholt hatte. Das aber war das Wasser des Lebens. Und so wurde das Bein wieder ganz und heil.

Dann dankten sie einander und der Adler flog wieder heim, in die untere Welt. Kullererbse aber ging die Königstochter suchen.

Unterdes waren die untreuen Gefährten beim Vater der Königstochter angelangt. Dort lebten sie im Schlosse in Saus und Braus und zankten darum, wer von ihnen die Königstochter zur Gemahlin bekommen sollte.

Endlich gelangte Kullererbse zu dem Schlosse, und als er vor den Gefährten stand, erschraken sie und dachten, nun sei es um sie geschehen. Kullererbse aber sprach: »Meine sechs Brüder haben mich verraten und ich ließ sie laufen. Wie sollte ich da an euch Rache nehmen.« Und er verzieh ihnen.

Dann hielten Kullererbse und die schöne Königstochter Hochzeit. Und sie lebten miteinander in Glück und in Freuden.

Boris Dreiersohn

Da waren einmal ein Mann und eine Frau, die gingen aufs Feld, um Getreide zu schneiden. Ihr kleines Kind mussten sie mitnehmen, denn sie hatten sonst niemanden, der sich darum kümmern konnte. Und so legten sie ihren Sohn in ein großes Tuch und hängten es zwischen zwei Bäume am Waldesrand, gleich neben dem Feld. Dann machten sie sich an die Arbeit.

Dort in seiner Hängematte schaute der kleine Sohn vergnügt in den blauen Himmel und das lichte grüne Blätterdach. Doch flugs stürzte ein großer Adler vom Himmel herab, griff den Kleinen mit den Krallen und flog mit ihm fort in den Wald, zu seinem Nest.

Dort im Wald aber lebten drei Brüder. Und wie sie so auf der Bank vor ihrer Hütte saßen, hörten sie das klägliche Schreien eines Kindes. Sie sprangen auf und gingen dem Schreien nach. Und endlich fanden sie das weinende Kind im Adlernest. Da stieg einer der drei auf den Baum und holte das Kind aus dem Nest, dann trugen sie den Kleinen behutsam nach Hause. Sie gaben ihm zu trinken und kochten ihm Brei, wuschen ihn und gaben ihm Kleidung. Dann setzten sie sich auf die Bank, den Kleinen auf dem Schoß, und überlegten, wie sie ihn nennen sollten. Und da gaben sie ihm den Namen Boris Dreiersohn.

Boris wuchs dort im Walde bei seinen drei Vätern heran und hatte es gut und war fröhlich.

Eines Tages aber sprach er zu ihnen: »Liebe Väter, ihr wart stets gut zu mir, doch nun ist meine Zeit gekommen; ich will hinaus in die weite Welt ziehen.« Die drei Väter waren traurig, dass er von ihnen gehen wollte, aber sie willigten ein und fragten: »Sohn, was sollen wir dir mit auf den Weg geben?« »Ich bitte nur um das kleine Fohlen, mehr brauche ich nicht.« »Ach, wozu brauchst du das kleine Fohlen? Suche dir doch etwas Besseres aus!«, sagten die Väter. Aber Boris Dreiersohn sagte: »Nein, lieben Dank, aber ich will nur das Fohlen, und nichts anderes.« Da gaben sie ihm das Fohlen, und Boris Dreiersohn nahm Abschied von seinen Vätern. Und wie er so mit seinem Pferdchen an der Seite durch den Wald ging, sah er vor sich etwas glänzen. Er ging darauf zu, und da fand er eine goldene Feder. Boris bückte sich, um sie aufzuheben, aber da sprach sein Fohlen: »Halt, nimm sie nicht! Lass sie liegen! Denn wisse: Dies ist keine gewöhnliche Feder. Es ist eine Feder vom zauberhaften Feuervogel, dem Vogel Phönix. Und wenn du sie aufhebst, wird sie dir Kummer und Sorgen bringen!« Boris Dreiersohn aber hörte nicht auf sein Pferd und hob die Feder auf.

Sie gingen weiter und kamen endlich an ein prächtiges Zarenschloss. Boris ging hinein und bat den Zaren, dass er ihn in seine Dienste nehme. So wurde er dort Stallknecht, und sie gaben ihm die elendsten und schmutzigsten Pferde zur Wartung – jene, mit denen der Mist gefahren wurde. Die musste er putzen. In der Nacht aber, als alles schlief, nahm Boris die Feder des Feuervogels, strich damit über die Pferde, und siehe, da wurden sie blitzblank, dass ihr Fell am andern Morgen im Sonnenlicht nur so glänzte.

Eines Tages fuhr der Zar in seiner Kutsche vorbei und sah die herrlichen Pferde, die glänzten wie Seide, und wunderte sich, denn seine prachtvollen Kutschpferde sahen schäbig dagegen aus, und sie wollten ihm gar nicht mehr recht gefallen. Da befahl er, die Pferde von Boris Dreiersohn vorzuspannen. Und so war Boris nun für die Kutschpferde des Zaren zuständig, und der Zar sprach oft mit ihm und war ihm sehr zugetan. Eines Tages fragte der Zar: »Sag einmal, Boris, wie machst du es, dass die Pferde so schön glänzen?« Boris aber verriet nichts und sagte nur: »Ich hab' wohl eine glückliche Hand dafür.« Die anderen Stallknechte aber hörten das. Sie waren eifersüchtig auf Boris, weil der Zar es so gut mit ihm meinte, und wurden neugierig. Und da bohrten sie heimlich Löcher in die Stallwand und hockten sich dahinter, und in der Nacht sahen sie, wie Boris mit der Zauberfeder über die Pferde fuhr, dass sie glänzten. Und sie schmiedeten einen Plan.

Am andern Morgen gingen sie zum Zaren und sagten: »Der Boris hat eine goldene Feder vom Feuervogel, damit macht er die Pferde glänzen. Und wenn er nur wollte, könnte er Euch auch den Feuervogel selbst herbeischaffen.« Der Zar ließ Boris vor sich kommen und sprach: »Sag die Wahrheit, Boris Dreiersohn, hast du eine goldene Feder vom Feuervogel?« Da musste Boris es zugeben. »So bringe mir den Feuervogel!«, befahl der Zar. »Sonst jage ich dich fort.« »Was soll ich nur tun?«, dachte Boris und wusste nicht weiter, denn er war ein treuer Diener und liebte seinen Herrn, und so ging er zu seinem Pferdchen und weinte. »Warum weinst du, Boris Dreiersohn?«, fragte das Fohlen. »Wie soll ich nicht weinen?!«, schluchzte Boris. »Der Zar hat befohlen, ich solle ihm den Feuervogel bringen, und ich weiß doch nicht, wie!« »Nun siehst du, warum ich dich warnte, die Feder aufzuheben!«, sagte das Fohlen, aber dann tröstete es ihn mit sanfter Stimme: »Sorge dich nicht, Boris! Ich will dir helfen. Gehe zum Zaren und bitte ihn um drei Eimer Branntwein und drei Eimer Erbsen.« Als Boris damit vom Zaren zurückkam, sprach sein Pferd: »Setze dich auf mich, ich bin nun stark genug, dich zu tragen«, und Boris ritt fort.

Als sie an ein Feld kamen, sprach sein Pferd: »Nun grabe eine tiefe Grube, dann schütte die Erbsen hinein und gieße den Branntwein darauf.« Boris tat dies, und nach einer Weile sah er hoch im Himmel etwas glänzen. Es war der Feuervogel, der da angeflogen kam, weil der Geruch ihn angelockt hatte. Er flog in die Grube und pickte die Erbsen auf, und weil sie sich mit dem Branntwein vollgesogen hatten, wurde er so betrunken, dass er sich nicht mehr auf den Beinen halten konnte und auf den Rücken fiel. So lag der Feuervogel in der Grube und streckte die Beine in den Himmel. Da stieg Boris in die Grube und packte den Feuervogel. Der aber sträubte sich und sprach: »Nimm mich nicht fort! Nicht für dich bin ich bestimmt!« Boris aber nahm den Feuervogel unter den Arm, ritt mit ihm zurück und brachte ihn dem Zaren.

Der freute sich über die Maßen und gewann Boris noch mehr lieb, sodass er ihn von Stund an allen anderen im Schlosse vorzog. Das ärgerte die Neider nur noch mehr, und sie heckten einen neuen Plan aus. Nun flüsterten sie dem Zaren ein: »Boris Dreiersohn könnte, wenn er nur wollte, die schöne Meerjungfrau für Euch erringen.« Und wieder befahl der Zar Boris zu sich und sagte: »Mein lieber Boris, ich bin sehr glücklich, dass du mir den Feuervogel beschafft hast. Ich wäre noch glücklicher, wenn du mir auch noch die schöne Meerjungfrau verschaffen könntest. Ich bin sicher, dir wird auch dies gelingen, und du kannst meinen sehnlichen Wunsch erfüllen.« »Was soll ich nur tun?«, dachte Boris verzagt, und er ging zu seinem Pferd und weinte. Als er ihm sein Leid geklagt hatte, sagte sein Pferd: »Nun siehst du, warum ich dich warnte, die Feder aufzuheben!« Dann aber sprach es mit sanfter Stimme: »Sorge dich nicht. Gehe zum Zaren und bitte ihn um ein Netz, um zwölf große Spiegel und hundert schöne Kleider.« Boris bekam vom Zaren alles, was er erbat, lud es auf einen Wagen und ritt damit ans Meer.

Dort am Ufer tat er, wie sein Pferd ihn geheißen hatte: Er legte das Netz aus, breitete darauf die schönen Kleider aus und stellte ringsumher die Spiegel auf. Dann versteckte er sich hinter dem Wagen. Und er musste nicht lange warten, da tauchte auch schon die schöne Meerjungfrau aus den Wellen empor. Sie sah die schönen Kleider, schaute sich verwundert um, und als sie niemanden sah, stieg sie aus dem Wasser und ging ans Ufer. Dort betrachtete und befühlte sie die schönen Stoffe, dann legte sie eines nach dem anderen die schönen Kleider an und bewunderte sich in den Spiegeln: »Oh, wie schön ich bin, wie schön!« Und als sie das letzte Kleid angelegt hatte, kam Boris hinter seinem Versteck hervor und zog das Netz zusammen. Und da war die schöne Meerjungfrau gefangen.

»Ich bitte dich, lass mich wieder frei!«, rief sie. »Ich werde dich auch reich belohnen! Ich will dir meinen Ring geben, und du wirst glücklich durch ihn sein.« Boris aber hörte nicht auf sie. Und unter Tränen der Wut und Verzweiflung riss sich die Meerjungfrau ihre zwölfreihige Perlenkette vom Hals und schleuderte sie ins Meer, dass die Perlen in alle Richtungen sprangen und im Meer versanken.

Boris aber hob die Meerjungfrau auf den Wagen und ritt mit ihr zum Zaren. Der freute sich über die Maßen, und er gewann Boris noch mehr lieb.

Die anderen Höflinge aber staunten, und sie beneideten ihn noch mehr. Da erzählten sie überall am Zarenhofe, dass Boris alles könne und wisse, denn sie hofften, dass sie ihn so ins Verderben schicken könnten. Auch die schöne Meerjungfrau hörte das, und da sprach sie zu Boris: »Mir ist zu Ohren gekommen, dass du alles kannst. Nun, dann wird es für dich auch ein Leichtes sein, mir meine Perlen wiederzubeschaffen, die überall im Meer verstreut liegen.« Und der Zar, der neben ihr saß, sagte: »Du hast den Feuervogel gebracht, du hast die schöne Meerjungfrau gebracht, nun sollst du auch die Perlen aus dem Meer heraufholen.«

Und wieder ging Boris weinend zu seinem Pferd und erzählte ihm alles. »Sei ohne Sorgen«, sagte sein Pferd. »Bitte den Zaren um hundert Fässer Ochsenfleisch.« Der Zar gab sie ihm, und Boris schaffte sie ans Meer. Dort stellte er die Fleischfässer ans Ufer, dicht an den Meeressaum, und öffnete sie. Der Fleischgeruch lockte die Krebse an, und sie krochen zu Tausenden und Abertausenden aus dem Meer hervor und stürzten sich auf das Fleisch. Und Boris befolgte den Rat seines Pferdes und hielt Ausschau nach einem weißen Krebs, denn das war ihr Zar. Endlich sah er ihn in der Menge, und es gelang ihm, den weißen Krebs zu fangen. Als die tausend und abertausend Krebse das sahen, hielten sie mit einem Mal inne, dann riefen sie: »Lass unsern Zaren frei!« Boris aber erwiderte: »Nur unter einer Bedingung: Ihr müsst mir die Perlen der schönen Meerjungfrau wiederbringen, die überall im Meer verstreut sind. Dann erst gebe ich euern Zaren frei. Fehlt aber auch nur eine Perle, so bleibt er mein Gefangener.«

Augenblicklich stürzten sich die Krebse ins Meer und machten sich auf die Suche. Nach einer Weile tauchte der erste Krebs wieder auf und legte eine Perle in den Sand. Dann kamen immer mehr, bis ein großer Perlenhaufen im Sand lag und sie endlich alle beisammen waren. Boris wollte gerade den Krebszaren freigeben, da rief sein Pferd: »Halt! Lass ihn nicht frei! Eine fehlt noch!« Da warfen sich die Krebse wieder ins Wasser und suchten mit vereinten Kräften nach der einen Perle. Lange musste Boris warten, endlich kamen die Krebse zurück und schleppten einen riesigen Hecht herbei, den legten sie Boris vor die Füße. »Da, mach auf!« Boris öffnete den Fisch, und da fand er in dessen Bauch die fehlende Perle. Nun gab er den Krebszaren frei, und die Krebse verschwanden im Meer.

Dann sammelte Boris Dreiersohn die Perlen auf und überbrachte sie dem Zaren und der Meerjungfrau. Der Zar freute sich und dankte Boris. Die Meerjungfrau aber sprach zum Zaren: »Schicke ihn zum Mond, er soll ihn fragen, warum er früher bereits zeitig am Himmel aufging und glühend rot war, jetzt aber so spät und so bleich aufgeht. Ich möchte es wissen.« Der Zar konnte der Meerjungfrau nichts abschlagen, und so sagte er Boris, er solle zum Mond gehen.

Und das Pferdchen tröstete wieder den verzagten Boris: »Weine nicht. Der Zar hat uns schon so unmögliche Dinge aufgegeben, da werden wir es auch diesmal schaffen.« Und so ritt Boris auf seinem Pferd dem Mond entgegen. Lange ritt er, da kam er eines Morgens in aller Frühe, als gerade der junge Tag heraufdämmerte, an eine Hütte. Er trat hinein, und da sah er dort eine uralte Frau sitzen, das war die Mutter des Mondes. »Wohin des Weges, Boris Dreiersohn?«, fragte die Uralte. »Ich bin auf dem Weg zum Mond«, antwortete er. »Nun, ich bin seine Mutter. Was führt dich zu ihm?« Da erzählte Boris ihr vom Auftrag des Zaren und der Meerjungfrau. »Wir wollen sehen«, sagte die Mondmutter, »aber nun iss erst einmal«, und sie gab ihm Milch und Brot. »Nun aber muss ich dich verstecken, denn mein Sohn kommt gleich heim«, und sie schob ihn in eine Kammer. Bald darauf kam der Mond heim. Und weil er die ganze Nacht gewacht hatte, war er müde und legte sich schlafen. Am Abend stand er auf und wollte gerade fortgehen, da sagte die Mondmutter: »Mein lieber Sohn, sag: Warum gingst du früher bereits zeitig am Himmel auf und warst glühend rot, und gehst nun erst so spät und so bleich auf?« »Nun«, sagte der Mond, »das liegt daran, dass früher meine Liebste, die schöne Meerjungfrau, im Meer lebte. Und wenn sie dem Wasser zu entsteigen pflegte, kam ich früh heraus, um sie zu sehen, und errötete vor Freude. Doch ach, nun ist sie schon seit vielen Tagen verschwunden, und was soll ich mich noch beeilen, nun, da sie nicht mehr aus dem Wasser steigt. Und nun habe ich nichts mehr, an dem ich mich erfreuen kann. Deshalb gehe ich so spät auf und bin so bleich.«

Da sprach die Mondmutter: »Sei so gut, mein Sohn, und schreibe mir, was du eben sagtest, auf einen Zettel, sonst kann ich es mir nicht merken und belästige dich morgen wieder mit meinen Fragen.« Der Mond wunderte sich, schrieb aber brav den Zettel. Dann ging er fort, auf seine Reise über den Himmel.

Die Mondmutter aber gab Boris Dreiersohn den Zettel, gab ihm auch noch Brot und Wein für die Reise, dann ging er zurück zum Zarenhof und überreichte dem Zaren den Zettel des Mondes. Der Zar freute sich, dass Boris Dreiersohn auch diese Aufgabe gelöst hatte und dass er ihn nun wieder bei sich hatte. Und er schenkte Boris Dreiersohn sein halbes Zarenreich, und fortan lebten sie zusammen im Schlosse wie Brüder.

Das fliegende Schiff

Es waren einmal Mann und Frau, die hatten drei Söhne: zwei kluge und einen dummen. Die klugen, die verwöhnten sie, und die Mutter gab ihnen jede Woche ein reines Hemd; auf den Dummling aber schimpften alle und lachten über ihn, denn er lag auf dem Ofen in der Hirse, in einem Hemd, das schwarz vor Dreck war, und ohne Hosen. Gab man ihm was, so aß er; bekam er nichts, so hungerte er.

Eines Tages kam die Botschaft zu ihnen, der Zar habe verkünden lassen, dass sich alle bei ihm zu einem Festschmaus versammeln sollten; und wer ein Schiff bauen würde, das fliegen könne, und käme zu ihm her auf diesem Schiff, dem wolle der Zar seine Tochter zur Frau geben.

Da berieten sich die klugen Brüder und meinten: »Wir müssen auch hin, vielleicht finden wir dort unser Glück!« Nachdem sie sich beraten hatten, baten sie Vater und Mutter: »Wir wollen zum Zaren geh'n; wir verlieren ja nichts dabei, vielleicht ist uns dort das Glück beschert!« Der Vater bat sie dazubleiben, und die Mutter bat sie ebenfalls, aber nein: »Wir geh'n, und damit ist's gut! Segnet uns für den Weg!« Die Alten konnten nichts machen, sie segneten sie, und die Mutter buk ihnen weißes Weizenbrot, briet ein Ferkel, gab ihnen eine Flasche Schnaps, und dann gingen sie los.

Der Dummling aber saß auf dem Ofen und fing ebenfalls an zu bitten: »Ich will auch dorthin, wohin die Brüder gegangen sind!« »Was fällt dir ein, Dummkopf?«, sagte die Mutter. »Die Wölfe werden dich noch fressen!« »Nein«, antwortete er, »sie werden mich schon nicht fressen; ich gehe hin!« Die Alten lachten ihn zuerst aus, dann fingen sie an zu schimpfen. Doch es half nichts! Was sie auch sagen mochten, sie konnten mit dem Dummen nichts anfangen, und schließlich sprachen sie: »Nun, so geh! Aber dass du nie mehr zurückkehrst und nicht verrätst, dass du unser Sohn bist!« Die Alte gab ihm einen Sack, legte alt gewordenes Schwarzbrot hinein, gab ihm eine Flasche Wasser und begleitete ihn zum Haus hinaus. Und so ging er los.

Er wanderte und wanderte und traf unterwegs einen alten Mann. Sein weißer Bart reichte ihm bis zum Gürtel. »Guten Tag, Großvater!« »Guten Tag, mein Sohn!« »Wohin gehst du, Großväterchen?« »Ich wandere durch die Welt und helfe den Menschen aus der Not. Und wohin gehst du?« »Zum Zaren auf den Schmaus.« »Verstehst du denn aber ein Schiff zu bauen, das von selbst fliegen kann?«, fragte der Alte. »Nein, das versteh' ich nicht.« »Ja, warum gehst du dann hin?« »Gott weiß, warum ich hingehe! Ich verlier ja nichts dabei, aber vielleicht find' ich dort mein Glück.« »Setz dich«, sagte der Alte, »ruh dich ein wenig aus, wir wollen nun etwas essen. Nimm heraus, was du da im Sack hast!« »Ach, Großväterchen, da ist gar nichts drin! Nur hartes Schwarzbrot, das du gar nicht beißen kannst.« »Macht nichts, nimm's nur heraus!« Der Dummling zog es hervor, da war aber aus dem altbackenen Schwarzbrot ein schönes weißes Weizenbrot geworden, wie er es sein Lebtag nicht gegessen hatte, wirklich, wie bei den Herren war es! »Nun, wie steht's?«, fragte der Alte. »Sollen wir essen, ohne dazu eins zu trinken? Hast du nicht dort in deinem Sack etwas Schnaps?« »Wie soll der wohl bei mir zu finden sein? Nur eine Flasche Wasser hab' ich!« »Nimm sie heraus!« Der Dummling tat es, kostete – da war es richtiger Schnaps geworden! »Sieh mal an, wie Gott die Dummlinge beschenkt!«, sagte der Alte.

Sie breiteten ihre Röcke auf dem Grase aus, setzten sich nieder und fingen an zu essen. Sie speisten fein, und der Alte dankte dem Dummling für das Brot und den Schnaps und sagte: »Jetzt hör zu, mein Sohn: Geh in den Wald, stell dich an einen Baum, bekreuzige dich dreimal und schlag mit dem Beil an den Baum; dann lege dich nieder und lieg still, bis dich jemand aufwecken wird. Der wird dir auch das Schiff bauen, und du setz dich hinein und flieg, wohin du willst; unterwegs aber nimm auf, wem du begegnen wirst.« Der Dummling dankte dem Alten, und dann nahmen sie Abschied voneinander. Der Alte ging seines Weges, der Dummling aber wanderte dem Walde zu.

Er ging hinein, trat an einen Baum heran, bekreuzigte sich und hieb mit dem Beile zu, dann legte er sich nieder und schlief ein. Er schlief und schlief. Plötzlich, nach langer Zeit, fühlte er, dass ihn jemand weckte: »Steh auf, dein Glück ist schon bereit, steh auf!« Der Dummling erwachte; und wie er hinschaut, da steht dort schon das Schiff: ganz von Gold, die Masten aus Silber, die Segel aber von Seide, und sie blähten sich im Wind, als wollten sie schon in die Höh'! Da bedachte er sich nicht lange und setzte sich in das Schiff, und das Schiff erhob sich und flog davon. Und wie es flog, so flog es auch weiter: niedriger als der Himmel, höher als die Erde, mit dem Auge hättest du's nicht erkennen können.

Der Dummling flog und flog, plötzlich sah er: Auf dem Weg lag ein Mensch mit dem Ohr am Boden und horchte. Und er rief: »Guten Tag, Onkelchen!« »Guten Tag, mein Lieber!« »Was machst du da?« »Ich horche«, sagte er, »ob sich die Leute zum Schmaus beim Zaren schon versammelt haben.« »Ja, willst du denn auch dorthin?« »Jawohl!« »Setz dich zu mir, ich bringe dich hin.« Er setzte sich hinzu, und sie flogen weiter.

Sie flogen und flogen, und plötzlich sahen sie: Auf der Straße ging ein Mensch, der hatte ein Bein ans Ohr gebunden, und auf dem andern hüpfte er voran. »Guten Tag, Onkelchen!« »Guten Tag, mein Lieber!« »Warum hüpfst du auf einem Bein?« »Darum«, sagte er, »weil ich mit einem Satz über die ganze Welt hinwegspringen würde, wenn ich das andere Bein losbinden würde. Und das will ich nicht.« »Wohin gehst du denn?« »Zum Zaren auf den Schmaus.« »Setz dich zu uns.« »Gut.« Und er setzte sich hinzu, und sie flogen wieder weiter.

Und sie flogen und flogen und sahen auf einmal: Ein Schütze zielte mit dem Bogen in die Luft, aber nirgends war ein Vogel oder sonst etwas zu sehen. Der Dummling rief ihm zu: »Guten Tag, Onkelchen! Worauf zielst du denn, wo doch kein Vogel und rein gar nichts zu sehen ist?« »Wieso ist denn keiner zu sehen? Ihr könnt ihn bloß nicht sehen, aber ich wohl!« »Wo siehst du ihn denn?« »Dort«, sagte er, »hundert Meilen von hier sitzt er auf einem dürren Birnbaum!« »Komm mit uns!« Und er setzte sich hinzu, und sie flogen davon.

Sie flogen und flogen und sahen mit einem Mal: Ein Mensch ging seines Weges und trug auf dem Rücken einen Sack voll Brot. »Guten Tag, Onkelchen!« »Guten Tag!« »Wohin gehst du?« »Ich gehe mir Brot zum Mittagessen holen«, antwortete er. »Aber du hast doch einen ganzen Sack voll Brot!« – »Was nützt mir das bisschen Brot! Es langt nicht einmal für ein einziges Frühstück.« »Setz dich zu uns!« »Gut.« Und auch dieser Mensch setzte sich hinzu, und sie flogen weiter.

Sie flogen und flogen und sahen plötzlich: Ein Mensch ging immerzu um einen See herum und schien etwas zu suchen. »Guten Tag, Onkelchen!« »Guten Tag!« »Warum gehst du dort herum?« »Ich will trinken, finde aber kein Wasser.« »Aber vor dir ist doch ein ganzer See, warum trinkst du nicht?« »Ach, was nützt mir das bisschen Wasser! Es langt nicht einmal für einen Schluck.« »Dann setz dich zu uns!« »Gut.« Er setzte sich hinzu, und sie flogen weiter.

Sie flogen und flogen und sahen auf einmal: Ein Mensch trug eine Garbe Stroh mit sich herum. »Guten Tag, Onkelchen! Wohin trägst du das Stroh?« »Ins Dorf«, antwortete er. »Oho! Gibt's denn im Dorf nicht Stroh genug?« »Ach, das ist doch kein gewöhnliches Stroh!« »Was für Stroh ist es denn?« »Ein ganz besonderes: Wenn es auch noch so heiß wäre, und man streute dieses Stroh aus, so gäb' es sogleich Frost und Schnee.« »Setz dich zu uns!« Und er setzte sich hinzu, und sie flogen weiter.

Und sie flogen und flogen, auf einmal sahen sie: Ein Mensch ging in den Wald und trug ein Bündel Reisig auf den Schultern. »Guten Tag, Onkelchen! Wohin trägst du das Reisig?« »In den Wald.« »Oho! Gibt's denn im Walde keines?« »Wie sollt es keins geben! Aber das ist kein solches Reisig.« »Was für welches denn?« »Dort im Wald ist gewöhnliches«, sagte er, »aber dies hier ist derart, dass, wenn du es auseinanderwirfst, sofort ein Heer vor dir steht.« »Setz dich zu uns!« Und auch der war es zufrieden und setzte sich hinzu, und sie flogen weiter.

Ob sie nun lange flogen oder nicht, endlich langten sie zum Schmaus beim Zaren an. Dort aber waren mitten auf dem Hof gedeckte Tische aufgestellt, und Fässer mit Met und Schnaps waren herangerollt: Iss und trink, liebe Seele, soviel du nur willst! Und Leute waren dort! Das halbe Reich war zusammengekommen: Alte und Junge, Herren und Reiche und alte Bettler, wie auf einem Jahrmarkt! Da kam der Dummling mit seinen Gefährten im Schiff angeflogen und ließ sich vor den Fenstern des Zaren hinunter; und dann stiegen sie aus und gingen zum Mittagsmahl. Der Zar sah durchs Fenster, dass jemand in einem goldenen Schiff angelangt war. Er befahl einem Diener: »Geh und frag, wer dort im goldenen Schiff hergeflogen ist.« Der Diener ging hin, sah sie sich an, kam zum Zaren und meldete: »Irgendwelche zerlumpten Bauernkerle!« Der Zar glaubte es nicht. »Wie ist es denn möglich«, sagte er, »dass Bauern auf einem goldenen Schiff hergeflogen sind? Du hast wahrscheinlich nicht richtig nachgefragt.« Und er ging selbst zu den Leuten. »Wer ist auf diesem Schiff hergeflogen?«, fragte er. Da trat der Dummkopf vor und sprach: »Ich bin es, Euer Majestät!« Der Zar aber wunderte sich, dass an seinem Rock Flicken auf Flicken saß und die Knie durch die Hosen guckten, und er fuhr sich an den Kopf: »Ist es denn möglich, dass ich mein liebes Kind diesem Bauernlümmel zur Frau gebe?!« Was sollte er aber tun? Wie sollte er den Lump wieder loswerden? Da stellte er ihm Aufgaben.

»Geh hin«, sprach er zum Diener, »und sag ihm: Wenn er auch im Schiff hergeflogen ist, aber nicht das Wasser des Lebens und das Wasser der Heilung herbeischafft, solange die Leute essen, geb' ich ihm meine Tochter nicht; bringt er's aber nicht her, so schlag ich ihm mit dem Schwerte den Kopf von den Schultern!« Der Diener ging hin. Der Horcher aber hatte mit angehört, was der Zar gesagt hatte, und erzählte es dem Dummling. Der saß auf einer Bank, wie sie rund um die Tische herumgestellt waren, und fing an zu trauern, aß nichts und trank nichts. Der Läufer sah es und fragte: »Warum isst du nichts?« »Wie soll ich denn essen? Es bleibt mir ja im Halse stecken.« Und er erzählte: »Der Zar hat mir aufgetragen, dass ich das Wasser des Lebens und der Heilung herbeischaffen müsse, während die Leute noch äßen. Wie soll ich das anfangen?« »Gräm dich nicht! Ich werd' es dir bringen.«

Der Diener kam heran und brachte ihm den Befehl des Zaren; er wusste aber schon längst, was und wie. »Melde, dass ich es bringen werde«, sagte er. Da ging der Diener zurück. Der Läufer aber band das Bein vom Ohr los, und wie er ausschritt, hatte er im Augenblick vom Wasser des Lebens und der Heilung geschöpft. Er war aber müde geworden und dachte bei sich: »Ich komme noch leicht während des Essens zurück, jetzt will ich mich unter die Mühle hier setzen und ein wenig rasten.« Er setzte sich, schlief aber ein. Die Leute endigten unterdessen schon ihr Mittagsmahl, doch der Läufer kam nicht. Der Dummling saß da halb tot, halb lebendig. »Ich bin verloren!«, dachte er im Stillen. Der Horcher aber legte sein Ohr an die Erde, fing an zu lauschen und sprach dann zum Dummling: »Gräm dich nicht! Der Tunichtgut schläft und schnarcht unter der Mühle!« Der Dummling aber fragte: »Wie könnte man ihn aufwecken?« Da sagte der Schütze: »Fürchte dich nicht, ich werd' ihn wecken!« Und wie er den Bogen spannte und abschoss, sauste der Pfeil in die Mühle, dass die Splitter flogen. Der Läufer erwachte und eilte hin; die Leute beendeten eben erst ihr Mittagessen, da hatte er aber das Wasser schon gebracht.

Was sollte der Zar nun machen? Er gab dem Dummling eine neue Aufgabe und sprach zum Diener: »Geh hin und sag ihm: Wenn er mit seinen Gefährten auf einmal sechs Paar gebratene Ochsen und Brot aus vierzig Öfen aufisst, so geb' ich ihm mein liebes Kind zur Frau; isst er's aber nicht auf, so schlag ich ihm mit dem Schwerte den Kopf von den Schultern!« Der Horcher aber hatte das gehört und sagte es dem Dummling wieder. »Was soll ich jetzt tun? Ich kann nicht ein einziges Brot aufessen!«, sprach der Dummling, ward wieder traurig und fing an zu weinen. Da sagte der Fresser: »Weine nicht! Ich werde für euch alle essen, und es wird noch wenig für mich sein.« Der Diener kam hinzu und richtete die Worte des Zaren aus. Und der Dummling antwortete: »Es ist gut, man soll nur auftragen!« Da brieten sie zwölf Ochsen und buken vierzig Öfen voll Brot; doch als der Fresser anfing zu essen, blieb nicht ein Krümchen übrig, und er bat noch dazu: »Ach, wie war das wenig! Wenn sie mir doch noch ein bisschen geben wollten!«

Da sah der Zar, was der Dummling alles konnte, und gab ihm eine neue Aufgabe: Vierzig Fässer Wasser sollten sie auf einen Zug austrinken und dazu noch vierzig Fässer Wein. »Kann er das nicht, so schlag ich ihm mit dem Schwerte den Kopf von den Schultern!« Der Horcher hatte es mit angehört und erzählte es wieder, der Dummling aber weinte. »Weine nicht!«, sprach der Säufer. »Ich werd' es allein austrinken, und es wird noch wenig für mich sein.« Da rollten sie ihm vierzig Fässer Wasser und vierzig Fässer Wein heran; doch als der Säufer anfing zu trinken, blieb kein Tropfen übrig, und er spottete noch: »Ach, wie war das wenig! Wenn doch noch ein bisschen da wäre!«

Da sah der Zar, dass er mit dem Dummling nichts ausrichten konnte, und dachte bei sich: »Man muss den Hundesohn aus der Welt schaffen, sonst kriegt er noch mein liebes Kind in die Hände!« Und er schickte den Diener zum Dummling und sprach: »Geh hin und bestell, dass der Zar gesagt hat, Ihr sollt vor der Hochzeit ins Bad geh'n.« Und einem andern Diener trug er auf, dass man die Badstube so heiß wie glühendes Eisen machen solle: »Dort muss er, ob er will oder nicht, verbrennen!« Der Heizer feuerte so gewaltig, dass eine Gluthitze entstand; den Teufel selbst könnte man in der Badstube braten, meinte er. Dann sagte man es dem Dummling an. Und er ging in die Badstube, doch hinter ihm her kam der Frostmensch mit seinem Stroh. Kaum waren sie aber eingetreten, da gab's eine Hitze, nicht zum Aushalten! Der Frostmensch streute jedoch sein Stroh aus, und auf einmal ward es so kalt, dass der Dummling sich mit Mühe wusch und schnell auf den warmen Ofen kroch; dort schlief er auch ein, denn er war gut durchgefroren! In der Früh öffneten sie die Badstube und dachten, dass von ihm nur noch die Asche übriggeblieben sein würde; da lag er aber auf dem Ofen, und als sie ihn weckten, sagte er: »Ach, wie fest hab' ich geschlafen!«, und ging hinaus.

Sie meldeten dem Zaren, was geschehen war: »Und er schlief auf dem Ofen, und in der Badstube war es so kalt, als ob einen ganzen Winter lang nicht geheizt worden sei.« Der Zar ward sehr bekümmert: Was sollte er mit ihm anfangen? Er dachte und dachte, dann sagte er: »Na, wenn er mir bis morgen früh ein Regiment Soldaten verschafft, so geb' ich ihm meinetwegen die Tochter zur Frau, wenn nicht, so schlag ich ihm mit dem Schwerte den Kopf von den Schultern!« Er dachte aber bei sich: »Wo soll der einfache Bauer ein Regiment herbekommen? Selbst ich, als Zar, könnte es kaum!« Und er gab den Befehl. Der Horcher hatte es gehört und sagte es dem Dummling, und der saß wieder da und weinte: »Was in aller Welt soll ich nun tun? Von wo soll ich die Soldaten herbeischaffen?« Er ging auf das Schiff und sprach zu seinen Gefährten: »Rettet mich, Brüder! Ihr habt mir schon mehr als einmal aus der Gefahr geholfen, helft mir auch jetzt! Sonst bin ich verloren für diese Welt!« »Weine nicht!«, sagte der, welcher das Reisig trug. »Ich werde dich schon retten.« Der Diener kam und meldete: »Der Zar hat gesagt, wenn du morgen früh ein ganzes Regiment Soldaten aufstellst, ist die Zarentochter dein!« »Gut, ich werde es schaffen«, sagte der Dummling, »aber bestell dem Zaren: Wenn er mir sie dann nicht gibt, komme ich mit meinen Soldaten und hole mir die Zarentochter.«

In der Nacht führte der Gefährte den Dummling auf das Feld und hatte auch sein Bündel Reisig mitgenommen. Er begann es auszustreuen, und wo immer er etwas Reisig auf die Erde warf, wurde daraus ein Soldat, und schon bald versammelte sich solch ein Heer, dass es gar nicht zu zählen war! In der Früh erwachte der Zar und hörte: Musik spielt! Er fragte: »Wer spielt so früh am Tage?« »Das ist der«, antworteten sie ihm, »der auf dem goldenen Schiff hergeflogen ist; und jetzt exerziert er mit seinem Heer.« Da sah der Zar wohl ein, dass für ihn nichts zu machen sei, und er befahl, den Dummling zu rufen.

Der Diener ging hin und bat ihn zum Zaren. Der Dummkopf aber hatte sich so sehr verändert, dass er nicht mehr wiederzuerkennen war: Sein Anzug schimmerte an ihm, und er war schön geworden! Nicht zu sagen, wie sehr! Er führte sein Heer und ritt auf einem rabenschwarzen Ross an der Spitze, hinter ihm der Oberst. Er zog vor den Palast und rief: »Halt!« Das Heer richtete sich aus, und ein Soldat war besser als der andere! Er ging in den Palast hinein, und der Zar umarmte und küsste ihn. »Setz dich, mein lieber Schwiegersohn!« Auch die Zarentochter kam aus ihren Gemächern und lachte froh, als sie sah, welch ein schöner Mann ihr bestimmt war! Sie wurden nun rasch getraut, und es gab ein Gastmahl, dass der Rauch bis zum Himmel stieg und in den Wolken hängen blieb.

Als ich aber von dem Gastmahl fortging und auf diese Wolken guckte, da fiel ich hin; und als ich gefallen war, stand ich hier mit einem Mal; ihr aber batet um ein Märchen, nun hab' ich euch eins erzählt, nicht zu lang und nicht zu kurz – so wie von mir bis zu euch. Würd' euch gern noch mehr erzählen, aber ich weiß nichts weiter.

Die Zarentochter Frosch

In einem Zarenreich, in einem fernen Reich lebten einst ein Zar und eine Zarin, und sie hatten drei Söhne, die waren wie die Falken. Die Söhne wuchsen heran und wurden so schmucke Burschen, dass es nicht zu sagen, nicht zu denken, nur im Märchen zu erzählen ist! Und sie kamen in das Alter, da es Zeit für sie war zu heiraten. Der Zar beriet sich mit seiner Frau, rief die Söhne zu sich und sprach zu ihnen: »Meine Söhne, meine Falken! Ihr seid nun groß geworden, und es ist an der Zeit, euch Frauen zu suchen.« »Es ist Zeit, Väterchen«, antworteten sie, »es ist Zeit.« »So nehmt, Kinder, eure silbernen Bogen zur Hand, legt kupferne Pfeile auf und lasst sie fliegen in ferne, fremde Lande; und von dort, wo sie niederfallen, soll jeder seine Braut holen.«

Sie traten hinaus auf den Hof und der älteste Zarensohn spannte den Bogen und schoss seinen Pfeil ab. Der flog hoch am Himmel dahin und fiel in einem anderen Zarenreich in den Garten des Zaren. Zu dieser Stunde erging sich gerade die Zarentochter im Garten, hob den Pfeil auf und freute sich an ihm. Sie ging zu ihrem Vater und sagte: »Schau, was für einen wunderhübschen Pfeil ich gefunden habe, Väterchen!« »Gib ihn keinem andern als dem, der dich zur Frau nehmen wird«, sagte der Zar. Nach einiger Zeit kam der älteste Zarensohn angeritten und bat sie um seinen Pfeil. Sie antwortete: »Ich gebe den Pfeil keinem andern als dem, der mich zur Frau nimmt.« Da sagte der Zarensohn: »Ich will dich zur Gattin nehmen.« Und sie versprachen sich einander. Dann ritt er wieder heim.

Nun spannte der mittlere Zarensohn seinen Bogen und schoss seinen Pfeil los. Der flog tiefer als die Wolken doch höher als der Wald und fiel in einen Fürstenhof. Zu der Zeit saß die Fürstentochter auf der Freitreppe, erblickte den Pfeil, hob ihn auf und brachte ihn dem Vater. Und der Fürst sagte: »Gib den Pfeil keinem andern als dem, der dich zur Frau nehmen wird.« Bald darauf kam der mittlere Zarensohn an und bat um seinen Pfeil. Und als die Fürstentochter antwortete, sie wolle ihn nur dem geben, der sie zur Frau nehme, sagte er: »Ich will dich zur Gattin nehmen.« Sie versprachen sich einander, und er ritt heim.

Dann kam die Reihe an den jüngsten Zarensohn, Iwan Zarewitsch. Und als er den Pfeil abschoss, flog er nicht hoch und nicht niedrig, doch höher als die Häuser, und er fiel nicht weit und nicht nah zu Boden: beim Dorf in den Sumpf. Dort auf einem Mooshügelchen aber saß ein Frosch und nahm den Pfeil an sich. Iwan Zarewitsch kam und bat: »Gib mir den Pfeil wieder!« »Den Pfeil geb' ich keinem außer demjenigen, der mich zur Gattin nimmt«, sagte der Frosch. Iwan Zarewitsch bedachte sich: »Wie sollt' ich denn diesen grünen Frosch zur Gattin nehmen?« Er stand noch eine Weile am Sumpf herum, ward sehr betrübt und ging dann weinend nach Hause.

Es war Zeit für ihn, zum Vater zu gehen und zu erzählen, welche Braut er gefunden habe. Seine beiden Brüder waren so froh, dass es nicht zu sagen war! Iwan Zarewitsch aber kam daher und weinte. Der Vater sprach zu ihnen: »Nun erzählt nur, meine Söhne, meine Falken, welche Schwiegertöchter ihr gefunden habt!« Der Älteste sagte: »Ich habe eine Zarentochter gefunden, Vater.« Der Mittlere: »Ich – eine Fürstentochter.« Iwan Zarewitsch aber stand da und brachte kein Wort heraus, er weinte nur und weinte! Der Vater fragte ihn: »Warum weinst du, Iwan Zarewitsch?« »Wie sollt' ich nicht weinen! Meine Brüder haben Frauen, wie sie sein sollen, aber ich muss mir einen grünen Frosch aus dem Sumpf nehmen; passt der denn zu mir?« »Nimm ihn!«, sagte der Zar. »Da ist nichts zu machen: Das ist gewiss so dein Los!« Und die Zarensöhne heirateten: Der älteste nahm die Zarentochter, der mittlere die Fürstentochter, Iwan Zarewitsch aber nahm den grünen Frosch aus dem Sumpf.

Sie lebten nun eine Zeit miteinander, da wollte der Zar sehen, welche von den Schwiegertöchtern die schönsten Tücher weben könne. Und er gab den Befehl: »Bis morgen in der Früh sollen

Tücher gewebt und hergebracht werden, damit ich sehe, welche von euch am besten gewebt hat.« Iwan Zarewitsch ging nach Hause, der Frosch aber kroch ihm entgegen und fragte: »Iwan Zarewitsch, warum weinst du?« »Wie sollt' ich nicht weinen, wo doch unser Vater verlangt, dass jede Schwiegertochter ihm bis morgen früh ein Tuch webt.« »Weine nicht! Alles wird bereit sein; leg dich hin und schlaf!« Er legte sich nieder und schlief ein. Doch sie warf ihre Froschhaut ab, und da war sie eine wunderschöne Frau. Sie ging hinaus auf den Hof, rief und pfiff, und da erschienen ihre Mädchen, die Dienerinnen, webten die Tücher und stickten gar kunstvoll Adler hinein. Sie nahm die Tücher entgegen und legte sie neben Iwan Zarewitsch hin. Dann aber zog sie ihre Haut an und ward wieder zum Frosch. Als Iwan Zarewitsch erwachte, erblickte er Tücher, schöner als er sie je zuvor gesehen hatte! Da ward er froh und brachte sie dem Zaren. Der Vater dankte ihm vielmals für die Tücher. Die Tücher der anderen Schwiegertöchter gab er in die Küche, denn sie waren nur so-so, ganz einfach. Die Tücher des Frosches aber hängte er beim Heiligenbild auf.

Und der Zar gab abermals einen Befehl: Die Schwiegertöchter sollten Buchweizenfladen backen und ihm bringen, damit er sehe, wer's am besten verstünde. Iwan Zarewitsch ging nach Hause und weinte wieder. Der Frosch kroch ihm entgegen und quakte: »Iwan Zarewitsch, warum weinst du?« »Wie sollt' ich nicht weinen, wo doch der Vater befohlen hat, dass die Schwiegertöchter Buchweizenfladen backen, und du verstehst ja nichts davon!« »Weine nicht, wir werden damit schon zurechtkommen! Leg dich hin und schlaf!« Er legte sich nieder und schlief ein. Die andern Schwiegertöchter aber standen unterm Fenster, um heimlich zuzusehen, wie der Frosch backen würde. Der rührte einen dünnflüssigen Teig an, kletterte dann auf den Ofen, schlug ein Loch hinein und goss den ganzen Teig hinunter, sodass er im Nu auf den heißen Steinen zerfloss. Die andern Schwiegertöchter liefen rasch nach Hause und machten es ebenso. Doch da buken sie so schäbige Fladen zusammen, dass man sie nur noch den Hunden vorwerfen konnte.

Der Frosch aber warf, als sie fort waren, seine Haut ab und war eine wunderschöne Frau. Dann trat sie auf den Hof hinaus, rief und pfiff, und gleich waren auch die Mädchen, die Dienerinnen, da. Sie befahl ihnen, bis zum Morgengrauen die Buchweizenfladen fertig zu machen. Gar bald brachten sie die Fladen; wie die Sonne so schön waren sie geworden! Sie nahm die Fladen entgegen und legte sie neben Iwan Zarewitsch. Dann aber zog sie ihre Haut an und ward wieder zum Frosch. Iwan Zarewitsch erwachte und schaute – neben ihm lagen Buchweizenfladen, einer schöner als der andere. Er freute sich sehr und brachte sie dem Zaren. Der Vater war ihm sehr dankbar. Die Buchweizenfladen der andern Schwiegertöchter ließ er den Hunden vorwerfen. Die des Frosches aber befahl er bei Tisch zu reichen.

Und der Zar gab den Söhnen eine dritte Aufgabe: »Kommt mit euren Frauen zu einem Festmahl, das ich in drei Tagen gebe.« Die älteren Brüder freuten sich. Iwan Zarewitsch aber ging nach Hause, ließ den Kopf hängen und weinte. Der Frosch kroch ihm entgegen und fragte: »Iwan Zarewitsch, warum weinst du?« »Wie sollt' ich nicht weinen«, sagte er, »wo doch der Vater befiehlt, wir sollen mit unseren Frauen zum Festmahl kommen. Wie soll ich denn mit einem Frosch hingehen?« »Weine nicht«, antwortete sie. »Leg dich hin und schlaf, wir fahren schon irgendwie hin!« Er legte sich nieder und schlief ein. Als der Tag kam, an dem das Festmahl sein sollte, wurde Iwan Zarewitsch wieder traurig. »Gräm dich nicht, Iwan Zarewitsch«, sagte der Frosch. »Geh nur voraus! Wenn aber der Regen zu tröpfeln beginnt, so wisse: Dein Weib wäscht sich mit Regentau. Wenn ein Blitzstrahl aufzuckt, so wisse: Dein Weib legt das Festkleid an. Und wenn der Donner grollt, so wisse: Dein Weib kommt gleich.« Iwan Zarewitsch kleidete sich an, saß auf und ritt davon.

Als er beim Festmahl eintraf, waren die Brüder mit ihren Frauen schon da; sie waren reich gekleidet, ihre Frauen aber kamen in Gold und Seide und mit kostbarem Halsschmuck. Die Brüder spotteten über ihn: »Warum bist du denn allein gekommen, Bruder? Hättest du sie doch in ein Tuch gebunden und hergebracht.«

»Spottet nicht«, sagte er. »Sie kommt schon, nachher.« Als aber der Regen zu tröpfeln begann, sagte Iwan Zarewitsch: »Jetzt wäscht sich mein liebes Weib mit Regentau!« Die Brüder aber spotteten über ihn: »Bist du denn toll geworden, dass du solchen Unsinn redest?« Und als ein Blitzstrahl aufzuckte, sagte Iwan Zarewitsch: »Jetzt legt mein liebes Weib ihr Festkleid an!« Die Brüder zuckten bloß mit den Achseln und dachten: Der Bruder war bisher ganz vernünftig, jetzt aber ist er von Sinnen gekommen! Doch da fing der Donner gewaltig zu grollen an, dass der Palast erbebte. Und der Zarensohn sprach: »Jetzt kommt mein Täubchen!« Und an der Freitreppe fuhr eine Kutsche mit sechs feurigen Rossen vor, und die Schwiegertochter stieg heraus und war so schön, dass alle ganz still wurden vor Staunen!

Dann setzten sie sich an die Festtafel; und der Zar, die Zarin und die beiden älteren Brüder konnten sich nicht sattsehen an ihr, denn wahrhaftig: Sie war so schön, so schön, dass es nicht zu sagen war! Nun begann das Festessen. Die Zarentochter Frosch aber steckte immer einen Bissen in den Mund und einen in den Ärmel, einen Löffel in den Mund und einen in den Ärmel. Die andern Schwiegertöchter sahen das und machten's ebenso: einen Löffel in den Mund, einen in den Ärmel, einen Bissen in den Mund, einen in den Ärmel. Als der Auftakt des Festessens beendet war, gingen alle auf den Hof; die Musik begann zu spielen und der Vater bat zum Tanz. Die beiden andern Schwiegertöchter aber sagten: »Mag sie zuerst tanzen!« Doch als die Zarentochter Frosch nun mit Iwan Zarewitsch zu tanzen begann, da berührte sie kaum den Boden, so leicht und schön tanzte sie! Sie schwenkte den rechten Ärmel und warf einen Bissen hinaus, da ward daraus ein Garten, darin war eine Säule, auf der ging ein Kater hinauf und hinab; ging er hinauf, sang er Lieder, kam er herunter, erzählte er Märchen. Sie tanzte und tanzte, schwenkte den linken Ärmel, und in dem Garten entstand ein Flüsschen, darin schwammen weiße Schwäne. Alle staunten über das Wunder, wie kleine Kinder! Sie tanzte, bis das Lied zu Ende war, und setzte sich hin, um auszuruhen. Dann gingen auch die beiden andern

Schwiegertöchter zum Tanz. Und wie sie den rechten Ärmel schwenkten, flogen die Knochen der Zarin an die Stirn, und wie sie den linken Ärmel schwenkten, spritzten sie dem Zaren die Augen voll. Da rief der Zar ihnen zu: »Genug! Ihr schlagt mir ja noch die Augen aus!« Da ließen sie's bleiben. Sie setzten sich alle auf die Sockelbank hin, die Musik spielte, und nun tanzten die Höflinge.

Iwan Zarewitsch aber schaute auf sein Weib und wunderte sich, wie aus dem grünen Frosch eine so wunderschöne Frau geworden war, dass man die Augen nicht mehr abwenden konnte! Da befahl er, ein Ross vorzuführen, und eilte nach Hause, um nachzuschauen, von wo sie das alles herhabe. Er kam an, ging in das Zimmer, in dem sie schlief, und fand dort die Froschhaut liegen. Im Kamin war Feuer; er warf die Haut hinein und sie verbrannte, und nichts blieb von ihr übrig als Asche und Rauch, der in die Höhe stieg. Dann kehrte er wieder zum Festmahl zurück und kam gerade noch recht zum Abendschmaus. Noch lange vergnügten sie sich dort, und erst als der Morgen graute, fuhren sie auseinander. Auch Iwan Zarewitsch fuhr mit seiner Frau heim.

Als sie nach Hause kamen, ging sie in ihr Zimmer, schaute umher, aber die Froschhaut war nicht mehr da. Sie suchte und suchte und fragte schließlich: »Iwan Zarewitsch, hast du nicht mein Kleid gesehen?« »Welches denn?« »Meine Haut«, sagte sie, »ich hab' sie hier abgeworfen.« »Und ich hab' sie verbrannt!«, sagte Iwan Zarewitsch. »Ach, was hast du mir angetan, Iwan Zarewitsch? Hättest du sie nicht angerührt, wär' ich ewig die Deine geblieben. Jetzt aber müssen wir uns trennen, vielleicht für immer.« Sie weinte und weinte, mit blutigen Tränen weinte sie und sprach sodann: »Leb wohl! Such mich im dreißigsten Zarenreich, im dreißigsten fremden Reich bei der Baba-Jaga, dem Knochenbein.« Dann schwang sie ihre Hände in die Höh', verwandelte sich in einen Kuckuck und flog durchs offene Fenster hinaus.

Lange grämte sich Iwan Zarewitsch um sein Weib, lange weinte er bitterlich; er fragte alle Leute, was er machen solle, aber niemand konnte ihm einen Rat geben. Da nahm er seinen silbernen

Bogen, füllte einen Sack mit Brot, hängte sich die Kürbisflasche über die Schulter und machte sich auf die Suche. Er wanderte und wanderte und begegnete einem Alten; der war so weiß wie Milch und fragte den Zarensohn: »Guten Tag, Iwan Zarewitsch! Wohin führt dich dein Weg?« »Ich gehe, wohin die Augen schauen, meine Frau zu suchen; sie ist irgendwo im dreißigsten Zarenreich, im dreißigsten fremden Reich bei der Baba-Jaga, dem Knochenbein. So gehe ich und weiß nicht, wohin. Großväterchen: Wisst Ihr nicht, wo sie lebt?« »Warum soll ich es nicht wissen? Gewiss weiß ich's.« »So sagt es mir, Großväterchen, seid so gut!« »Ach, wozu sollt' ich's dir sagen, mein Sohn; es ist ja gleich, ob ich's tu oder nicht, du bringst ja doch nichts zustande.« »Ob ich's vollbring' oder nicht: Sagt es mir nur, und ich werde mein Lebtag für Euch beten.« »Na, wenn du's so notwendig wissen musst, dann nimm hier das Knäuel, und lass es vor dir herrollen; und wohin es läuft, dahin geh ihm nach. So kommst du geradewegs zur Baba-Jaga, dem Knochenbein.« Iwan Zarewitsch dankte dem Alten für das Knäuel und ließ es laufen: Das Knäuel rollte und rollte, und er ging ihm nach. Schließlich kam er in einen großen, tiefen Wald, der war so dicht, dass es dunkel ward ringsum.

Da begegnete ihm ein Bär. Er legte einen kupfernen Pfeil auf den silbernen Bogen und wollte schießen. Aber der Bär sprach zu ihm: »Töte mich nicht, Iwan Zarewitsch, ich werde dir noch von großem Nutzen sein!« Iwan Zarewitsch verschonte ihn und tötete ihn nicht.

Das Knäuel rollte weiter, und er ging und ging, und der Wald begann sich zu lichten. Da begegnete ihm ein Falke. Er wollte ihn schießen. Aber der Falke sprach: »Töte mich nicht, Iwan Zarewitsch, ich werde dir noch von großem Nutzen sein!« Und Iwan Zarewitsch verschonte auch ihn.

Und er wanderte und wanderte; das Knäuel rollte vor ihm her und er ging ihm nach, und so kam er aus dem Wald heraus und gelangte schließlich an das blaue Meer. Da sah er am Ufer auf dem Trockenen einen Hecht, der lag in der Sonne und war dem Tode nahe. Er wollte ihn aufheben und essen, aber der Hecht bat ihn: »Iss mich nicht, Iwan Zarewitsch, wirf mich lieber ins Meer, ich werde dir noch von großem Nutzen sein!« Da warf er ihn ins Meer zurück und ging weiter.

Endlich gelangte er in das dreißigste Zarenreich, in das dreißigste fremde Reich. Da stand ein Hüttchen auf einem Hühnerfüßchen, von Schilfrohrstäben gestützt, denn sonst wär' es zusammengefallen. Er trat ein, und dort lag auf dem Ofen die Baba-Jaga, das Knochenbein. Ihre Füße hingen bis zur Ofenbank herunter, den Kopf aber hatte sie an den Rauchfang gelehnt. »Willkommen, Iwan Zarewitsch! Bist du mit Willen oder wider Willen gekommen?« »Mit Willen und auch wider Willen«, sagte er. »Versteckst du dich vor jemandem oder suchst du jemanden?« »Ich verstecke mich vor niemandem, Mütterchen, sondern ich suche meine liebe Frau, den grünen Frosch.« »Ich weiß, ich weiß!«, sagte die Baba-Jaga. »Sie sucht mir bisweilen die Läuse vom Kopf ab, wenn sie zu Gast kommt.« »Wo ist sie denn, Mütterchen, sagt es mir!« »Sie dient bei meinem Brüderchen als Tagelöhnerin.« Da bat er sie flehentlich, ihm zu sagen, wo ihr Bruder wohne. Sie antwortete: »Dort im Meer ist eine Insel, auf der steht seine Hütte. Aber sieh dich vor, dass dir kein Unglück zustößt! Sobald du deine Frau erblickst, so packe sie rasch und flieh mit ihr, aber schau dich nicht um.« Er dankte der Baba-Jaga und ging weiter.

Er ging und ging und gelangte schließlich ans Meer; dort schaute er und sah nichts als das endlose Meer, aber wo die Insel sein mochte, das wusste Gott weiß wer. Er ging am Meer entlang, ließ den Kopf hängen und grämte sich. Da schwamm jener Hecht herbei, tauchte aus dem Wasser empor und fragte: »Iwan Zarewitsch, warum grämst du dich?« »Ach, auf dem Meer ist eine Insel, und ich weiß nicht, wo ich sie finden kann und wie ich dorthin kommen soll«, antwortete er. »Sei nicht traurig!«, sagte der Hecht. Dann schlug er mit dem Schwanz aufs Wasser und eine Brücke entstand, wie sie nicht einmal der Zar hatte: Die Pfeiler waren aus Silber, das Geländer war aus Gold, der Boden aber war mit Glas gedeckt; gingst du darauf, so war's dir wie auf einem Spiegel! Iwan Zarewitsch ging über die Brücke und gelangte auf die Insel.

Dort aber stand ein Wald, der war so dicht, dass kein Durchkommen war; ja, nicht einmal hindurchkriechen konnte man, und dunkel war's, ganz dunkel! Iwan Zarewitsch wanderte am Wald entlang und weinte und weinte. Auch war ihm das Brot ausgegangen, und er hatte nichts mehr zu essen. Er setzte sich in den Sand, grämte sich und dachte: »Nun bin ich verloren!« Plötzlich lief ein Hase an ihm vorbei. Da kam plötzlich jener Falke, stieß auf ihn herab und tötete ihn; Iwan Zarewitsch nahm den Hasen, machte Feuer, briet ihn und aß ihn. Und als er satt war, fing er an zu überlegen, wie er in den Palast gelangen könnte. Und wieder streifte er am Wald entlang und suchte und überlegte, doch der Wald war so dicht, dass er keinen Weg fand, hindurchzukommen. Da kam ihm jener Bär entgegen. »Willkommen, Iwan Zarewitsch! Warum läufst du hier herum?« »Ich will in den Palast hinein, aber ich weiß nicht, wie ich durch den Wald kommen soll.« »Ich werde dir helfen«, sagte der Bär und begann, die Eichen zu knicken und zu brechen, und er schleuderte Stämme zur Seite, die ein Mann allein nicht umfassen konnte! So arbeitete er lange, bis er müde ward; da ging er zu einer Quelle und trank Wasser, dann fuhr er fort – bis er wieder müde ward, trank und weitermachte. So brach er sich immer weiter durch und lichtete nach und nach einen schmalen Pfad. Schließlich hatte er einen Weg gebahnt, der bis zum Palast führte; den ging Iwan Zarewitsch.

Und als er dahinschritt, kam er mitten im Wald in ein schönes Tal, darin stand ein Palast aus Glas. Er ging in den Palast hinein. Dort öffnete er eine eiserne Tür – niemand war zu sehen. Er öffnete eine zweite Tür, die war von Silber – auch dort war niemand. Als er aber eine dritte Tür von Gold öffnete, sah er dort seine Frau. Da saß sie und zählte Flachsgarne und war so vergrämt, dass ihm bei ihrem Anblick die Tränen kamen. Doch da erblickte sie Iwan Zarewitsch, fiel ihm um den Hals und sagte: »Du mein blaues Täubchen, wie hab' ich mich nach dir gesehnt! Nur ein kurzes Weilchen noch, und du hättest mich wohl nie mehr wiedergesehen!« Und sie weinte vor Freude! Er aber wusste nicht: War er noch auf dieser Welt oder schon in jener, so glücklich war er. Sie umarmten sich und küssten sich herzlich. Dann verwandelte sie sich in einen Kuckuck, nahm Iwan Zarewitsch unter ihre Flügel und flog mit ihm davon. Und als sie in sein Zarenreich kamen, nahm sie wieder ihre menschliche Gestalt an und sprach: »Mein Vater hatte mich in einen Frosch verwünscht. Er war es auch, der mich auf drei Jahre Dienst dem Drachen gab; nun aber habe ich meine Leidenszeit durchgestanden, und sie hat ein Ende.«

Da gingen sie heim und lebten fortan glücklich miteinander und lobten Gott, der ihnen geholfen hatte.

Das Schilfrohrmädchen

In einem kleinen Dorf in den grünen Karpaten lebte einst ein Waisenjunge, der hieß Iwanko. Er war arm, denn seine Eltern hatten ihm nichts hinterlassen als eine alte Hütte und einen kleinen Acker.

Eines Abends kam der Gutsherr des Weges und fragte: »He, Bürschchen, wie heißt du?« »Ich bin Iwanko.« »Du kommst mir gerade recht, Iwanko, du wirst mein neuer Kutscher.« »Ach, nein«, sagte Iwanko, »Kutscher sein ist nichts für mich, dazu bin ich nicht geboren.« »Du hast mich wohl nicht recht verstanden«, sagte der Gutsherr. »Das war keine Bitte, sondern ein Befehl.« Iwanko aber erwiderte: »Ich will lieber hierbleiben. Die Hütte ist mein Zuhause und der Acker ernährt mich.« Da rief der Gutsherr zornig: »Den Acker brauche ich. Ich will meine Bienenkörbe draufstellen. Von Stund an gehört er mir!« »Herr, habt Ihr denn kein anderes Land für Eure Bienenkörbe? Ihr habt doch so viel!«, rief Iwanko. »Ich habe dir angeboten, dass du mein Kutscher sein darfst«, sagte der Gutsherr, »das ist mehr als gerecht. Willst du das nicht, dann fort mit dir! Raus aus dem Dorf!« Da schnürte Iwanko sein Bündel und zog fort.

Nach einer Weile kam er an einen Fluss und sah dort am Ufer einen Kranich, der hatte einen gebrochenen Flügel und blutete. »Hilf mir, guter Junge«, bat der Kranich. »Ich bin so hungrig, und mein Flügel tut mir weh.« Iwanko wusch die Wunde, riss einen Streifen von seinem Hemd und verband den Flügel. Dann fing er einen Fisch und fütterte den Kranich. »Ich mache dir ein Nest, dann kannst du dich ausruhen«, sagte Iwanko und wollte gerade etwas Schilfrohr abbrechen, da hörte er eine Stimme: »Brich mich nicht! Denn ich hoffe und warte auf den Einen, der kommt und mich erlöst!« »Wer spricht da?«, fragte Iwanko. »Ich, das Schilfrohrmädchen.« »Bitte zeige dich mir, liebes Schilfrohrmädchen!«

»Ach!«, seufzte sie. »Schon zweimal habe ich mich gezeigt, doch vergebens. Beide Jünglinge gingen fort und kamen nicht wieder. Einmal darf ich mich noch zeigen, dann nimmermehr.« »Hab Vertrauen!«, sagte Iwanko. »Nun gut«, sagte das Schilfrohrmädchen. Und vor ihm stand plötzlich ein Mädchen, das war schön wie die erste Frühlingsblume. Aber ach, es sah so traurig aus, dass Iwanko die Tränen kamen, und er fragte: »Was ist mit dir?«

Da erzählte das Schilfrohrmädchen: »Eine böse Hexe hat mich gestohlen, weil ich ihren Sohn heiraten soll. Der aber ist ein abscheulicher Riese und ich kann nie und nimmer seine Frau werden. Eines Tages konnte ich fliehen, aber die Hexe verfolgte mich und spürte mich hier im Schilf auf. Zur Strafe hat sie mich in ein Schilfrohr verwandelt. Und ich kann nur erlöst werden, wenn ein mutiger Jüngling meinen goldenen Ring findet und ihn auf die Spitze des Schilfrohrs steckt.« Kaum hatte sie dies gesagt, war das Schilfrohrmädchen vor seinen Augen verschwunden. Iwanko aber hatte sich in das schöne Schilfrohrmädchen verliebt, und er rief: »So wisse: Ich will alles tun, um dich zu erlösen!« Dann ging er zum Kranich, baute ihm ein Nest aus Zweigen und nahm Abschied.

Er ging weiter den Fluss hinauf, über Berg und Tal, Wiesen und Walder. Endlich sah er am Wegesrand eine Hütte. Er ging hinein. In der Diele lagen drei Kater, die waren an Pfeiler gebunden. Iwanko hockte sich nieder und streichelte sie. Dann gab er jedem ein Stück Fisch, und die Kater miauten zum Dank. »Wer quält da meine Kater?«, gellte es plötzlich aus der Stube. Die Kater aber riefen: »Niemand! Ein guter Bursche gab uns Fisch.« »Hereinspaziert!«, rief es aus der Stube.

Iwanko trat hinein. Es war so finster, dass man die Hand nicht vor Augen sehen konnte. Er schlug Feuer und zündete ein Licht an. Dort auf der Ofenbank lag eine uralte Frau, die sprach: »Sei gegrüßt, Jüngelchen! Welch Glück, dass dein Weg dich zu mir führte, denn ich habe so schreckliche Kreuzschmerzen und kann die Wassereimer nicht tragen.« »Ich hole dir Wasser, Großmütterchen.« »Warte, binde einen der Kater los und nimm ihn mit, er wird dir den Weg leuchten mit seinen Augen.« Iwanko ging zurück in die Diele und fragte: »Wer von euch will mir den Weg zum Wasser leuchten?« »Wir werden jeder einmal mitgehen; ich gehe zuerst«, antwortete der älteste Kater. Iwanko band ihn los, und sie gingen hinaus, der Kater voran. Seine Augen leuchteten hell im Dunkel des Waldes und wiesen den Weg. Nach einer Weile fragte Iwanko: »Sag, liebes Katerchen, warum seid ihr drei angebunden?« »Ich darf nichts sagen, sonst straft mich die Alte.« Iwanko fand die Quelle, schöpfte Wasser und brachte es der Alten. Dann kochte er Maisbrei für die Alte, und den Katern gab er auch davon. »Bleib heut Nacht hier, dann kannst du morgen frisch weiterziehen«, sagte die Alte. Also kroch Iwanko auf den Ofen und schlief ein. Als er am andern Morgen weiterwollte, sagte die Alte: »Bleib noch ein wenig und geh mir zur Hand, bis mein Kreuz nicht mehr so schmerzt.« Also blieb Iwanko. Nun ging er mit dem zweiten Kater Wasser holen. Und er fragte wieder: »Liebes Katerchen, warum seid ihr drei angebunden?« Doch auch der zweite Kater sprach: »Ich darf nichts sagen, sonst straft mich die Alte.«

Iwanko blieb noch eine Nacht bei der Alten. Am andern Tag ging er mit dem jüngsten Kater Wasser holen. Er gab ihm Wasser aus der Quelle und streichelte ihn. Dann gab er ihm ein Stück Fisch und fragte: »Warum, liebes Katerchen, seid ihr drei angebunden?« »Ich darf nichts sagen, sonst straft mich die Alte. Aber weil du so gut zu mir warst, will ich dir etwas verraten: Hüte dich vor der Alten, denn sie ist eine Oberhexe. Und bei Vollmond kommen die bösen Geister in ihrer Hütte zusammen. Dann hecken sie aus, wie sie den Menschen schaden können. Heute ist Vollmond, und sie haben ihre Zusammenkunft. Die Alte wird eine Ausrede suchen und dir die Ohren mit Wachs verstopfen, damit du nichts merkst. Wenn du hören willst, was sie bereden, musst du das Wachs herausnehmen. »Haben sie in ihrer Runde auch vom Schilfrohrmädchen gesprochen?«, fragte Iwanko. »Ja, die Alte hat erzählt, dass zwei Jünglinge kamen, um sie zu erlösen. Aber die Alte hat sie in Steinblöcke verwandelt. Sie liegen vor ihrer Hütte. Wenn die Sonne scheint, setzt sie sich bisweilen darauf und wärmt sich den Hintern.« »Sag, liebes Katerchen, was kann ich tun, um die beiden wieder zum Leben zu erwecken?« »Nun, du müsstest den See suchen, aus dem noch nie eine Menschenseele getrunken hat, und mit dem Wasser daraus die Steinblöcke besprengen. Dann finden sie ins Leben zurück.« »Das will ich tun. Nun aber gilt es, in der Nacht die Ohren zu spitzen.«

Iwanko bereitete das Abendessen, dann legte er sich auf die Ofenbank. Die Alte aber trat auf ihn zu und sprach: »Ein Unwetter zieht auf, es wird heute Nacht furchtbar donnern. Damit du gut schlafen kannst, will ich dir die Ohren mit Wachs verstopfen.« Iwanko ließ sie gewähren und drehte sich auf die Seite. Aber er tat nur so, als ob er schliefe, und nahm heimlich das Wachs aus einem Ohr heraus.

Um Mitternacht wurde es laut, da kamen die Hexen und Gespenster geflogen, und aus allen Ecken krochen Teufel herbei, bis die Hütte zum Bersten voll war. Dann wurde es still und Iwanko hörte die Oberhexe sprechen: »Ein dritter Jüngling ist gekommen, um das Schilfrohrmädchen zu befreien. Den Ring aber wird er nie und nimmer finden, denn ich habe ihn im Eisenberg versteckt.« Das war es, was Iwanko wissen wollte, und so schlief er zufrieden ein und wurde erst wach, als die Alte ihn am andern Morgen rüttelte. »Und? Hast du irgendetwas gehört in der Nacht?« Iwanko gähnte und sagte: »Rein gar nichts, Großmütterchen, ich habe tief und fest geschlafen.« Er bereitete das Frühstück. Dann wollte er sich davonstehlen. Doch als er in die Diele trat, flüsterte ihm der jüngste Kater zu: »Ich werde mit dir gehen. Aber wir müssen die Alte täuschen: Geh, fang eine Katze und bring sie her. Die binde an meiner Stelle an den Pfeiler. Die Alte hat schlechte Augen und wird den Schwindel so schnell nicht bemerken, und wir haben einen Vorsprung.« Iwanko kam bald darauf mit einer Katze zurück, dann schlich er sich mit dem Kater aus dem Haus.

Nach einer Weile hörten sie plötzlich ein Donnergrollen hinter sich. »Die Alte! Sie ist uns auf den Fersen!«, rief der Kater. In Windeseile grub er ein Loch in die Erde. »Rasch, hinein mit dir!« Iwanko kroch in das Loch und der Kater hinterher. Und so flog die Hexe über sie hinweg und sah sie nicht, und flog immer weiter. Sie krochen aus ihrem Versteck und wanderten weiter, immer weiter. Am dritten Tag kamen sie an eine Höhle. Da sprach der Kater: »Hier wohnt ein Zauberer, er wird uns gut aufnehmen, denn er ist auf die Hexe böse.« Iwanko trat hinein. Dort im Bett lag ein uralter Zauberer, der war so matt und elend, dass er kaum noch atmete. Er drehte den Kopf zu Iwanko und flüsterte schwach: »Gut, dass du da bist. Hole mir etwas Wasser, denn ich bin zu schwach zum Aufstehen.«

Iwanko holte Wasser und gab dem Alten zu trinken. Dann kochte er ihm Essen und reichte es ihm. »Hab Dank!«, sagte der Zauberer, »und lass mich erzählen: Einst war ich ein mächtiger Zauberer, und alle Hexen hatten große Achtung vor mir. Doch als ich alt wurde, stahlen sie mir mein Zauberbuch und verbrannten es. Mich warfen sie in diese Höhle. Hier habe ich die letzten Jahre meines Lebens gefristet. Nun ist mein Ende nah, und ich will dir ein Geheimnis anvertrauen. Du suchst den Eisenberg, so wisse: Unweit der Höhle, fünf Schritte gen Süden, musst du graben, dort wirst du Zauberschuhe finden. Nimm sie und verwahre sie gut. Dann gehe ans Meer. Wirf die Zauberschuhe ins Wasser, und sie werden sich in ein Boot verwandeln und dich zum Eisenberg bringen. Dort wirst du den See finden, aus dem noch niemand getrunken hat, und ...« Doch da erstarb seine Stimme, und er schloss für immer die Augen.

Iwanko begrub den alten Zauberer. Dann grub er vor der Höhle nach den Zauberschuhen und fand sie auch bald. Er verwahrte sie sicher unterm Hemd und zog frohen Mutes mit dem Kater weiter. Endlich kamen sie ans Meer. Dort zog Iwanko die Zauberschuhe hervor und warf sie ins Wasser, und sie verwandelten sich in ein Boot. Sie stiegen hinein und das Boot trug sie davon, hinaus aufs weite Meer. Endlich kamen sie an eine grüne Insel. Als sie das Ufer betraten, verwandelte sich das Boot zurück in die Zauberschuhe, und Iwanko steckte sie wieder unters Hemd.

Auf der Insel wuchs ein dichter Wald, aus dem uralte Bäume bis in den Himmel emporragten. Der Kater kletterte auf einen hohen Baum, um Ausschau zu halten, und rief: »Ich sehe den Eisenberg! Er ist ganz in der Nähe!« Rasch kletterte er wieder herunter, sie liefen in die Richtung und gelangten bald an den Fuß des Eisenberges. Dort spähten sie, verborgen im Dickicht, nach dem Eingang. Plötzlich begann der Berg zu knirschen und öffnete sich. Und heraus traten zwanzig junge Mädchen, die Körbe in den Händen hielten.

Iwanko trat aus dem Dickicht und grüßte: »Guten Tag. Erlaubt mir die Frage: Wohin geht ihr?« »Wir wollen Beeren sammeln. Wer bist du?« »Ich bin Iwanko. Und ihr?« »Wir sind Gefangene des Riesen.« »Und wie kommt's, dass er euch allein in den Wald lässt?« »Ach, niemand kann von dieser Insel fliehen. Die Wellen bringen jedes Boot zum Sinken. Es gibt nur ein einziges Boot, dem sie die Fahrt gewähren. Es ist ein Zauberboot, denn es weiß allein seinen Weg. Ein uralter Zauberer, der in einer Höhle sein Leben fristet, hat es irgendwo versteckt. Und so sind wir wohl auf ewig hier gefangen.« Da war Iwanko froh, dass er eben jenes Zauberboot gefunden hatte.

Er half den Mädchen beim Beerensammeln und erzählte von seiner schönen Heimat, und die Mädchen fassten Vertrauen zu ihm. Endlich sprach er: »Ich suche einen goldenen Ring. Er soll hier im Eisenberg sein. Wisst ihr, wo er versteckt ist? Ich muss ihn finden.« »Der goldene Ring ist in einem goldenen Kästchen. Und den goldenen Schlüssel dazu hat der Riese in seinem linken Ohr versteckt. Der Riese schläft gerade. Doch wenn er erwacht, wird er dich töten. Niemand ist so stark wie er!«

»Ich muss es versuchen«, sagte Iwanko. »Sagt mir, was ich tun soll, um den Ring zu bekommen!« »Nun, da der Riese schläft, kannst du versuchen, den Schlüssel aus seinem Ohr zu holen. Gelingt es dir, musst du das Buch verbrennen, das auf dem Tisch liegt. Es ist das Lebensbuch des Riesen.« »Habt Dank! Doch erfüllt mir noch eine Bitte«, sagte Iwanko. »Helft mir, dass ich unbemerkt in den Berg schlüpfen kann.« Da zog eines der Mädchen seinen Umhang aus und gab ihn Iwanko. Dann nahmen sie ihn in ihre Mitte und traten vor den Eisenberg. Er öffnete sich knirschend und Iwanko gelangte, umringt von den Mädchen, in das Innere des Berges.

Sie kamen in einen großen, hohen Saal. Dort lag der Riese und schnarchte so fürchterlich, dass der Berg bebte. Leise schlich Iwanko heran und trat ans linke Ohr des Riesen. Dann langte er vorsichtig hinein. Und wirklich, er bekam den goldenen Schlüssel zu fassen und konnte ihn unbemerkt herausziehen. Er schlich zum Tisch, nahm seinen Feuerstein und schlug Feuer. Und dann zündete er das Lebensbuch des Riesen an. Sogleich stieg dicker Qualm auf, schwarz wie die Nacht, und erfüllte den großen Saal. Und der Riese fing an zu schrumpfen, wurde kleiner und kleiner, und begann sich in nichts aufzulösen. Erst verschwanden die Beine, dann die Arme, der Rumpf, der Hals. Doch gerade, als sich der Kopf auflöste, fiel ein schwelendes Stück vom Lebensbuch zu Boden, und die Glut darin erlosch. Und so blieb ein Rest vom Lebensbuch übrig, und etwas vom Riesen überlebte: seine Augen. Die irrten nun im Saal umher. Iwanko aber ging zu dem goldenen Kästchen, nahm den Schlüssel und öffnete es. Und dort lag er, der goldene Ring. Die Augen des Riesen kamen näher und schwebten über Iwanko, er aber ließ sich nicht beirren und nahm den Ring heraus.

Dann rief er den Mädchen zu: »Bringt mir einen Krug! Ich will Wasser aus dem See schöpfen, aus dem noch niemand getrunken hat.« Dann führte der Kater ihn zu einem unterirdischen See, der tief im Innern des Berges verborgen war. Dort schöpfte Iwanko Wasser. Sie gingen zurück zu der Stelle, wo sie in den Saal gelangt waren. Dort war ein eisernes Tor. Der Kater sagte: »Nimm den goldenen Schlüssel und poche dreimal dagegen.« Iwanko tat dies, das Tor öffnete sich und der Berg schob sich knirschend auseinander. Da liefen sie ans Meer hinunter: Iwanko, der Kater und die Mädchen. Über ihnen aber schwebten die Augen des Riesen und folgten ihnen. Am Ufer warf Iwanko die Zauberschuhe ins Wasser, und sie verwandelten sich wieder in das Boot, und alle fanden darin Platz. Das Boot legte ab und fuhr hinaus aufs offene Meer. Iwanko schaute zurück. Da sah er am Ufer die Augen des

Riesen, die dort verharrten und faustgroße Tränen vergossen, die ins Meer fielen.

Das Boot brachte sie sicher ans andere Ufer. Als sie an Land waren, verwandelte es sich in die Zauberschuhe zurück, und Iwanko steckte sie wieder unters Hemd. Die Mädchen dankten ihm und sagten Lebewohl, denn sie gingen nun endlich nach Hause. Iwanko und der Kater aber gingen zur Hütte der Alten. Dort besprengte Iwanko die Steinblöcke mit dem Wasser aus dem See, aus dem noch niemand getrunken hat. Und so befreite er die beiden Jünglinge aus ihrer Verzauberung; sie erwachten wie aus tiefem Schlaf und hatten ihre menschliche Gestalt wieder. Die beiden Burschen machten sich auf den Heimweg.

Iwanko aber ging mit dem Kater zum Schilfufer. Dort steckte er den goldenen Ring auf die Spitze des Schilfrohrs. Da begann sich das Schilfrohr zu biegen und plötzlich stand das Mädchen, das schön war wie die erste Frühlingsblume, vor ihm. Iwanko nahm ihre Hand und bat: »Werde meine Frau!« Das Mädchen sagte Ja und reichte ihm lächelnd den Goldring. Dann gingen sie gemeinsam zu ihren Eltern, die ihre einzige Tochter glücklich in die Arme schlossen und Iwanko herzlich willkommen hießen, und bald schon wurde die Hochzeit gefeiert.

Der Kater aber lebte vergnügt bei dem glücklichen Paar. Und er spann Goldfäden und erzählte Märchen.

Klugheit
und List

Das Geschenk für den Vater

Ein junger Mann wollte eines Tages in die ferne Stadt reisen. Und weil er seinem Vater gern etwas Schönes mitbringen wollte, fragte er: »Väterchen, was für ein Geschenk soll ich dir mitbringen? Was wünschst du dir?« Der Vater sagte: »Lieber Sohn, bringe mir als Geschenk mit, was vom Essen übrigbleibt, auch die Brotkrümel.« Da wunderte sich der Sohn, versprach's aber.

Er brach mit seinen Gefährten auf, und weil es Winter war und der Weg lang, nahmen sie reichlich zu essen mit. Nach jeder Mahlzeit aber packte der Sohn die Reste und Brotkrümel in einen Beutel – grad so, wie es sich der Vater gewünscht hatte. »Was machst du da?«, fragten ihn die Weggefährten und lachten ihn aus. Der Sohn aber sagte: »Lasst mich nur, es ist der Wunsch meines Vaters, es soll sein Reise-Geschenk sein.«

Auf der Heimreise kamen sie durch eine Gegend, die einsam und verlassen war. Da kam ein Schneesturm auf. Gerade noch gelangten sie an eine Hütte, in der sie Unterschlupf fanden. Dort harrten sie aus. Aber der Schneesturm wollte nicht nachlassen. Und bald waren all ihre Vorräte aufgebraucht, und sie hungerten und froren. Da fiel dem Sohn der Beutel ein. Er holte ihn hervor, und sie aßen drei Tage davon, bis der Schneesturm sich gelegt hatte und sie ihren Weg fortsetzen konnten.

Als der Sohn heimkam, fragte der Vater: »Und, hast du mir das Geschenk mitgebracht, das du mir versprochen hast?« »Ach nein, Väterchen«, sprach der Sohn, »zwar habe ich alle Reste und Krümel gesammelt, wie du es dir gewünscht hast, aber dann gerieten wir auf dem Heimweg in einen Schneesturm, und wir haben nur dank deines Geschenkes überlebt. Und so kann ich dir rein gar nichts mitbringen.«

Da lächelte der Vater und sprach: »Nun, das macht nichts. Das Geschenk habe ich mir ja eigens dafür gewünscht, dass es euch helfen möge, wenn ihr in Not geratet.« Und da umarmten sich beide, Vater und Sohn.

Der Zar und der Engel

Irgendwo, nirgendwo in einem Zarenreich lebte in alten Zeiten ein Zar, der war so stolz, so sehr stolz, dass er weder Gott noch Menschen fürchtete. Er hörte auf keinen guten Rat, woher auch immer er kommen mochte, sondern tat nur das, was in seinen Augen gut war, und niemand wagte es, ihm die Wahrheit ins Gesicht zu sagen. Und alle seine Diener und Edlen grämten sich über die Maßen, und das ganze Volk war bekümmert.

Eines Tages ging dieser Zar in die Kirche; der Priester las aus der Heiligen Schrift, also musste der Zar zuhören. Nun waren da gewisse Worte dabei, die ihm nicht gefielen. »Mir solch unerhörte Worte zu sagen!«, dachte er. »Worte, die ich mein Lebtag nicht vergessen kann, auch wenn ich grauhaarig werde.« Nach dem Gottesdienst ging der Zar heim und befahl, ihm den Priester zu schicken. Der Priester kam. »Wie konntest du mir heute nur solch unerhörte Worte vorlesen?«, sagte der Zar zornig. »Nun, sie wurden geschrieben, um gelesen zu werden«, antwortete der Priester. »Geschrieben, nun denn! Und du liest also alles vor, was geschrieben steht? Dann schmier diese Stellen mit Fett ein, dass niemand sie mehr lesen kann. Und wage es nie wieder, sie in den Mund zu nehmen, sage ich!«

Da sagte der Priester: »Nicht ich bin es, der diese Worte geschrieben hat, Euer Majestät, und es steht mir nicht zu, sie zu beschmieren.« »Was! Du maßt dir an, mich zu belehren? Ich bin der Zar, und es ist deine Pflicht, mir zu gehorchen.« »In allem will ich Euch gehorchen, oh Zar, außer in heiligen Dingen. Gott ist über ihnen; Menschen können sie nicht ändern.« »Nicht ändern!«, brüllte der Zar. »Wenn ich sie geändert haben will, müssen sie geändert werden! Streiche mir diese Worte sofort durch, sage ich, und wage es nie wieder, sie in der Kirche vorzulesen. Hörst du?« »Ich kann nicht«, sagte der Priester, »in der Sache sind mir die

Hände gebunden.« »Ich befehle es dir, Bürschchen!« »Ich kann nicht, oh Zar!« »Nun«, sagte der Zar, »ich gebe dir drei Tage Bedenkzeit, und am Abend des vierten Tages trete vor mich, und ich schlage dir den Kopf ab, wenn du mir nicht gehorchst!« Da verneigte sich der Priester tief und ging nach Hause.

Der dritte Tag neigte sich bereits dem Ende zu und der Priester wusste nicht, was er tun sollte. Es machte ihm keine Angst, für den Glauben zu sterben, aber was würde aus seiner Frau und seinen Kindern werden? Er ging umher und weinte und rang die Hände: »Oh, weh mir! Wehe mir!«

Endlich legte er sich auf sein Bett, aber er fand keinen Schlaf. Erst gegen Morgen fielen ihm die Augen zu. Da sah er im Traum einen Engel vor sich stehen. »Fürchte nichts!«, sagte der Engel. »Gott hat mich auf die Erde gesandt, um dich zu beschützen!«

Und so stand der Priester voller Freude früh am andern Morgen auf und betete dankbar zu Gott.

Als der Zar in aller Frühe erwachte, ließ er seine Jäger rufen, sie sollten mit ihm im Wald auf die Jagd gehen. Also machten sie sich auf die Jagd, und es dauerte nicht lange, da sprang genau vor den Augen des Zaren ein Hirsch aus dem Dickicht. Der Zar setzte ihm nach; immer wieder schien es, als könne er ihn fast schießen, und doch kam der Zar nie ganz an ihn heran. Mit hochrotem Gesicht trieb der Zar sein Pferd noch schneller an. »Hü, hü!«, rief er. »Gleich haben wir ihn!« Da gerieten sie an einen Bach, und der Hirsch stürzte sich ins Wasser. Der Zar war ein guter Schwimmer. »Jetzt habe ich ihn endlich«, dachte er, »gleich werde ich ihn beim Geweih packen.«

Da zog der Zar seine Kleider aus und stürzte sich, dem Hirsch hinterher, ins Wasser. Doch da hatte der Hirsch fast schon das andere Ufer erreicht. Der Zar streckte die Hand nach ihm aus, um ihn beim Geweih zu packen – da war plötzlich weit und breit kein Hirsch mehr zu sehen. Denn es war kein gewöhnlicher Hirsch, sondern der Engel, der die Gestalt eines Hirsches angenommen hatte. Der Zar wunderte sich. Er sah sich nach allen Seiten um und fragte sich, wo der Hirsch geblieben war. Dann schaute er zurück. Und dort am Ufer, wo sein Pferd auf ihn wartete und seine Kleider lagen, sah er einen Mann. Der zog seine Kleider an, bestieg sein Pferd und galoppierte davon. Der Zar hielt ihn für einen Gauner. Doch es war niemand anderes als der Engel. Der hatte die Gestalt des Zaren angenommen und dessen Kleider angezogen und ritt nun zu den Jägern, um mit ihnen zum Zarenschloss zurückzukehren.

Der Zar aber stand da am Flussufer, nass und nackt und einsam im Wald, und wusste nicht, wie ihm geschah. Ratlos und verzweifelt schaute er sich um. Da sah er weit entfernt Rauch überm Wald aufsteigen. »Vielleicht«, dachte er, »ist dort mein Jagd-Zelt.« Und so ging er in die Richtung des Rauchs und kam endlich zu einer Ziegelbrennerei. Die Ziegelbrenner grüßten ihn und waren erstaunt, einen nackten Mann zu sehen. »Was macht er hier?«, dachten sie und wunderten sich, als sie seine wunden, lahmen Füße sahen, und dass er am ganzen Körper mit Kratzern und Schrammen übersät war. »Gebt mir zu trinken«, sagte er, »und ich möchte auch etwas essen.« Die Ziegelbrenner hatten Mitleid mit ihm; sie gaben ihm einen alten, zerrissenen Kittel zum Anziehen und ein Stück Schwarzbrot und eine Essiggurke zu essen. Und da meinte der Zar, er habe seit dem Tag seiner Geburt noch nie ein derart schmackhaftes Essen bekommen.

»Und jetzt rede, guter Mann!«, sagten sie. »Wer bist du?« »Ich sage euch, wer ich bin«, sagte er, als er sich sattgegessen hatte. »Ich bin euer Zar. Führt mich in meine Hauptstadt, und dort werde ich euch gebührend belohnen!« »Was, du elender Schurke!«, riefen sie. »Du maßt dir an, uns zu verspotten, du alter Lump, du Aufschneider! Prahlst hier herum und spielst dich auf! Der Zar willst du also sein, willst uns belohnen? Also wirklich!« Und sie sahen ihn verwundert und verächtlich an. »Wagt es noch einmal, mich auszulachen«, sagte der Zar, »und ich haue euch die Köpfe ab!«, denn er vergaß sich und dachte, er sei zu Hause. »Jetzt reicht's!«, dachten die Ziegelbrenner, und sie fielen über ihn her und prügelten ihn ordentlich durch. Dann jagten sie ihn fort. Und so ging der arme Zar, schreiend vor Schmerzen und Wut, weiter durch den Wald.

Er ging und ging, bis er wieder Rauch aus dem Wald aufsteigen sah. Und wieder dachte er: »Das ist sicher mein Jagd-Zelt«, und ging darauf zu. Gegen Abend kam er zu einer anderen Ziegelbrennerei. Auch dort hatten sie Mitleid mit ihm und behandelten ihn freundlich. Sie gaben ihm zu essen und zu trinken und schenkten ihm auch eine zerlumpte Hose und ein zerrissenes Hemd, denn sie waren sehr arme Leute und hatten nichts anderes. Sie hielten ihn für einen armen entflohenen Soldaten. Doch als er sich sattgegessen und angekleidet hatte, sagte er zu ihnen: »Ich bin euer Zar!« Sie lachten ihn aus, und er fing wieder an, grob mit den Leuten zu reden. Da fielen sie über ihn her, prügelten ihn durch und jagten ihn fort. Und er wanderte ganz allein durch den Wald, bis es Nacht wurde. Dann legte er sich unter einem Baum nieder, und so verbrachte er die Nacht, stand sehr früh auf und ging weiter, immer der Nase nach.

Endlich kam er an eine dritte Ziegelbrennerei, aber dort sagte er den Ziegelbrennern nicht, dass er der Zar sei. Er dachte nur noch daran, wie er endlich wieder die Hauptstadt erreichen könne. Auch dort behandelten ihn die Leute freundlich, und als sie sahen, dass seine Füße lahm und wund waren, hatten sie Mitleid mit ihm und gaben ihm ein Paar alter Stiefel. Und er fragte sie: »Wisst ihr, auf welchem Weg ich in die Hauptstadt komme?« Sie sagten es ihm; aber es war eine lange Reise, die den ganzen Tag dauern würde.

Also ging er den Weg, den sie ihm gewiesen hatten, und er ging weiter und weiter, bis er zu einer kleinen Stadt kam, dort hielten ihn die Torwächter an. »Halt!«, riefen sie. Er blieb stehen. »Dein Ausweis!« »Ich habe keinen.« »Was! Kein Ausweis? Dann bist du wohl ein Landstreicher! Ergreift ihn!«, riefen sie. Also packten sie ihn und warfen ihn in den Kerker. Kurz darauf kamen sie, um ihn zu befragen: »Woher bist du?« »Aus der Hauptstadt«, sagte er. Da befahlen sie, ihn in Ketten zu legen und dorthin zu schaffen.

Also brachten sie ihn zurück in die Hauptstadt und steckten ihn dort in den Kerker. Dann kamen die Aufseher, um die Gefangenen zu befragen, und endlich war auch der Zar an der Reihe.

»Wer bist du, alter Mann?«, fragten sie. Da sagte er: »Einst war ich der Zar«, und er erzählte alles, was ihm widerfahren war. Da schauten sie ihn verwundert an, denn er sah überhaupt nicht aus wie ein Zar. Er war mager und hager geworden, und sein Bart war ganz lang und wirr. Und trotz alledem bestand er darauf, dass er in Wahrheit der Zar wäre. Da hielten sie ihn für verrückt. »Warum sollten wir diesen Narren auf ewig hierbehalten und das Brot des Zaren an ihn verschwenden?«, sagten sie und jagten ihn fort. Nie hat sich ein Mensch auf Gottes Erde so elend gefühlt wie dieser elende Zar. Gern hätte er jede Art von Arbeit verrichtet, wenn er nur gewusst hätte, wie, aber er war nicht an Arbeit gewöhnt. Also musste er durch die Welt ziehen und sich sein täglich Brot erbetteln, und es war kaum genug, um Leib und Seele zusammenzuhalten. Nachts legte er sich an der erstbesten Stelle nieder, mal im hohen Gras der Steppe, mal an einem Zaun.

»Dass es so weit kommen musste!«, seufzte er und wurde immer unglücklicher.

Der Engel aber war unterdes in Gestalt des Zaren zu den Jägern geritten und mit ihnen noch am selben Tag zum Zarenhof zurückgekehrt. Und niemand wusste, dass er nicht der Zar war, sondern ein Engel.

Am Abend kam der Priester zu ihm und sagte: »Nun tue deinen Willen, oh Zar, und schlage mir den Kopf ab, denn ich kann kein einziges Wort der Heiligen Schrift auslöschen.« Und der Engelszar sprach zu ihm: »Gott sei gepriesen, denn nun weiß ich, dass es zumindest einen Priester in meinem Zarenreich gibt, der fest für Gottes Wort einsteht. Ich mache dich zum höchsten Bischof des Reiches.«

Der Priester dankte ihm, verbeugte sich bis zur Erde und entfernte sich staunend. »Was ist das für ein Wunder?«, dachte er. »Wie sollte der hochmütige Zar so milde und gerecht geworden sein?«

Im Zarenhof, ja, im ganzen Reich staunten alle über die Veränderung, die über den Zaren gekommen war. Er war nun mit einem Mal mild und großmütig, auch verbrachte er nicht mehr den ganzen Tag im Wald, sondern ging umher und erkundigte sich bei seinem Volk, ob ihnen von ihren Nachbarn Unrecht getan oder Schaden zugefügt wurde und ob überall Gerechtigkeit geschah. Er kümmerte sich um alle, wies ungerechte und bestechliche Richter zurecht und wirkte darauf hin, dass Recht und Ordnung herrschte und jeder zu seinem Recht kam. Und sosehr sich das Volk früher gegrämt hatte, so freute es sich nun.

Drei Jahre gingen so ins Land. Der echte Zar wurde immer zerlumpter und unglücklicher, und der Engelszar herrschte gerecht und gütig. Da ließ er eines Tages im ganzen Reich verkünden, dass er einen großen Festschmaus gebe, und alle seien eingeladen: Reiche und Arme, Hohe und Niedrige.

Und das ganze Volk kam, und auch der unglückliche echte Zar. Im Zarenhof waren so viele lange Tafeln aufgestellt, dass alle Leute Gott lobten, als sie den frohen Anblick sahen. Und sie setzten sich zu Tisch und aßen und tranken, und der Engelszar selbst und seine Höflinge verteilten Speis und Trank an die Gäste, soviel sie wollten. Dem unglücklichen Zaren aber gaben sie von allem eine doppelte Portion. Der Engelszar ging auch durch die Reihen und fragte, ob wer irgendein Unrecht erlitten habe und Gerechtigkeit suche. Und als alle nach Herzenslust gegessen und getrunken hatten und sich zu zerstreuen begannen, stand der Engelszar mit einem Geldbeutel am Tor und gab jedem eine Silbermünze, dem unglücklichen Zaren aber gab er drei.

Nach weiteren drei Jahren gab der Engelszar wieder ein Festbankett und bewirtete alle Leute. Und als er ihnen zu essen und zu trinken gegeben hatte, soviel sie wollten, erkundigte er sich bei ihnen, wie es um sein Zarenreich stand, und gab wiederum jedem von ihnen eine Silbermünze in die Hand. Dem unglücklichen Zaren aber gab er die doppelte Portion Speis und Trank und drei Silbermünzen.

Und als noch einmal drei Jahre ins Land gegangen waren, gab der Engelszar ein weiteres Bankett und verkündete, dass alle kommen sollten, Reiche wie Arme, Grafen wie Bauern. Und alles Volk kam und aß und trank und verneigte sich tief vor seinem Zaren und dankte ihm. Satt und zufrieden gingen alle nach Hause. Auch der unglückliche Zar war dort. Er wollte gerade gehen, da hielt ihn der Engelszar auf, nahm ihn beiseite und führte ihn in den Palast.

Dort sprach er zu ihm: »Siehe! Gott hat dich diese zehn Jahre geprüft und deinen Stolz gezüchtigt. Mich aber schickte Gott, dich zu lehren, dass ein Zar auf die Sorgen und Nöte seines Volkes achten muss. So wurdest du arm und ein Vagabund auf Erden, damit du Weisheit sammeln mögest, wenigstens ein bisschen. Nun sieh zu, dass du deinem Volk Gutes tust und gerecht urteilst, denn von nun an wirst du wieder Zar sein. Ich aber muss zurückfliegen zu Gott im Himmel.«

Und als der Engelszar dies gesagt hatte, ließ er den Zaren waschen und scheren, denn sein Bart war ihm schon bis zum Gürtel gewachsen, und legte ihm das Gewand des Zaren an.

Dann sprach der Engel: »Gehe nun in die inneren Gemächer. Da sitzen die Höflinge und vergnügen sich, und niemand wird in dir noch den alten Landstreicher erkennen. Möge Gott dir helfen, immer Gutes zu tun!« Und als der Engel dies gesagt hatte, war er nicht mehr zu sehen, und nur seine Kleider blieben auf dem Boden liegen.

Da betete der Zar dankbar zu Gott und ging zum Gelage seiner Höflinge. Und er regierte sein Volk fortan gerecht, wie ihm der Engel befohlen hatte.

Wie das Feuer in den Stein gekommen ist

Höret, wie das Feuer in den Stein gekommen ist. Der Teufel kam einmal zu Gott und sagte: »Herr, es ist nicht zu verwundern, dass die Menschen dir gehorchen und zu dir beten, wenn du sie mit Wohltaten aller Art überhäufst. Erlaube mir, die Welt acht Tage lang zu regieren, und wir wollen sehen, ob sie dich nicht vergessen.« »Gut«, sagte der Herr, »regiere also.« Und der Teufel machte sich ans Werk.

Was er nur Schlimmes ausdenken konnte, tat er den Menschen an, doch erreichte er nichts, denn die Menschen fuhren fort, inbrünstige Gebete zum Schöpfer emporzusenden.

»Wartet«, dachte der Teufel, »wenn ich euch das Feuer nehme, werdet ihr euch wohl vor mir beugen müssen.« Er brachte von allem, was brennbar war, einen großen Haufen zusammen, zündete ihn an und ging immer um das Feuer herum, um es zu hüten und selbst auf die achtzugeben, die etwa ihre Pfeife daran anzünden wollten. Die Menschen jammerten und rangen die Hände in Verzweiflung und baten Gott, dieses Unglück enden zu lassen.

Da rief der liebe Gott Petrus und sagte zu ihm: »Petrus, mein Lieber, könntest du dem Teufel nicht ein bisschen Feuer wegnehmen?« »Warum nicht«, antwortete Petrus, »das will ich schon, aber wie?« »Oh Petrus, mein Lieber, wozu habe ich dich zum Priester erschaffen, wozu dich zum Heiligen gemacht, wenn du nicht einmal weißt, wie man den Teufel überlistet? Geh zum Schmied, lass dir eine Eisenstange machen und röte sie im Feuer des Teufels; so wird alles, was du damit berühren wirst, Feuer in sich tragen. Geh, mein Freund, und zögere nicht, denn die Menschen weinen.« »Es ist nichts dabei zu machen«, sagte Petrus, »wenn ich hingehen muss, so gehe ich.« Und er machte sich auf den Weg.

Nachdem er sich eine Eisenstange verschafft hatte, kam er zum Teufel, sagte ihm guten Tag und fing an zu schwatzen. Dann schürte er von Zeit zu Zeit das Feuer mit seiner Stange, als ob er dem Teufel helfen wollte, und zuletzt ließ er, wie im Eifer des Gesprächs, seine Stange im Feuerhaufen, um sie rotglühend zu machen. Als er sah, dass das Eisen schon weiß wurde, sagte er: »Nun denn, auf Wiedersehen, Gevatter, es ist Zeit, dass ich aufbreche.« »Auf Wiedersehen«, sagte der Teufel, »und gute Reise! Aber halt! Womit hast du denn das Ende deines Stockes beschmutzt?« Als Petrus so in die Enge getrieben wurde, wusste er nichts zu antworten und ergriff die Flucht. Der Teufel ahnte nun die Wahrheit und verfolgte Petrus. Er hatte ihn schon beinahe eingeholt, als Gott vom Himmel aus Petrus erblickte; und weil er fürchtete, dass das Eisen kalt werden würde, so rief er ihm zu: »Schlage schnell auf den Stein!« Petrus tat, wie ihm befohlen war, und seitdem ist das Feuer darin geblieben.

Darum springt Feuer aus dem Stein, wenn man Eisen darauf schlägt.

Vaters Tochter und Mutters Tochter

Es waren einmal ein Mann und eine Frau, die hatten zwei Töchter; die eine war Vaters Tochter, die andere Mutters Tochter.

Die beiden Mädchen gingen des Abends zum Spinnen in ein Nachbarhaus. Die Tochter des Alten spann fleißig, aber die Tochter der Frau trieb sich nur mit den Burschen herum.

Und als es Zeit war heimzukehren, ging sie die Schwester mit Bitten an und bekam auch von ihr einen Strang Garn; den brachte sie der Mutter mit, aber die schimpfte sie beide dafür aus, dass sie so wenig gesponnen hatten.

So kam es, dass sie sich verzankten, aber auf den nächsten Spinnstubenabend gingen sie doch wieder. Und die Tochter des Alten spann fleißig und dachte bei sich: »Ich will der Katja nicht ein einziges Garn geben, mag die Mutter sie ordentlich ausschimpfen!«

Und als sie im Morgengrauen nach Hause gingen, trug die Tochter des Alten ein ganzes Sieb voll Garn und unterm Arm noch ungesponnenen Flachs. Sie mussten aber über einen Zaunüberstieg. Da stellte die Tochter des Alten das Sieb auf den Boden, kletterte hinüber und wollte sich über den Zaun beugen, um das Sieb aufzunehmen; aber Katja lief hinzu, ergriff das Sieb mit dem Garn und kletterte über den Zaun. Sie brachte der Mutter das Garn und prahlte, wie viel sie zusammenspinnen könne, wenn sie nur wolle, aber über Oljana, ihre Stiefschwester, log sie, dass sie sich nur mit den Burschen herumgetrieben habe!

Da ging die Alte auf Oljana zu und schlug und schlug sie und sagte dann zum Alten: »Schaff sie fort, dass ich sie nie mehr zu sehen brauche!« Der Alte sagte: »Gut, gut«, aber führte sie doch nicht fort, sondern dachte: »Der Alten wird die Wut schon vergehen, und dann bleibt es, wie es war.« Allein die Mutter hörte nicht auf mit ihrem Zorn und lag dem Alten in den Ohren, er solle mit der Tochter ein Ende machen, wenn nicht, so werde sie ihn und sie umbringen. Da sieht der Alte, es steht schlimm, spannt die Pferde an und fährt mit Oljana in den Wald.

Sie fuhren und fuhren, die Pferde wurden schon müde, und sie wurden hungrig. Der Alte hielt, um die Rosse zu füttern und Mittag zu essen. Oljana aber aß nichts, weinte bloß und betete im Stillen zu Gott.

Doch als sie umherschaute, sah sie einen Quell, der war ganz mit Gras überwachsen, und er bat sie: »Reinige mich, liebes Mädchen, ich werde dir noch einmal von Nutzen sein!« Da schlug sie die Ärmel auf und reinigte den Quell und jätete das Gras und ging dann weiter.

Dort stand ein Birnbaum und bat: »Säubere mich, liebes Mädchen, sonst geh ich ganz zugrunde!« Sie machte sich an die Arbeit, säuberte den Baum und brach die trockenen Äste ab und ging dann weiter.

Da sah sie einen Hund liegen, der konnte sich kaum noch rühren vor Hunger und bat: »Liebes Mädchen, mein Täubchen, rette mich, ich werde dir noch einmal von großem Nutzen sein!« Da wusch sie ihm die Wunden und bestrich sie mit Teer, damit sich keine Fliege auf sie setze, gab ihm ein Stück Brot, das sie für sich mitgenommen hatte, und ging weiter.

Danach holte sie der Vater ein, der inzwischen zu Mittag gegessen und die Pferde angespannt hatte. Sie setzte sich auf den Wagen, und sie fuhren weiter. Und als es anfing zu dunkeln, bog der Alte vom Wege in den Wald ab, fuhr ohne Weg und fuhr so lange, bis er zu einer kleinen Hütte kam, die auf einem Hühnerfuß im Walde stand. Da sprach der Alte: »Hier wollen wir über Nacht bleiben, Töchterchen, doch morgen, wenn's Gott wieder hell werden lässt, fahren wir weiter; jetzt zünd aber den Ofen an und sammle Reisig auf, ich werde die Pferde ausspannen und sie versorgen und Brennholz kleinschlagen.«

Sie machte Feuer an, und der Vater ging hinaus und brachte Brot und ein Stück Speck, das sie auf den Weg mitgenommen hatten. Sie aßen, dann sagte der Alte: »Sitz du in der Hütte, ich will hinausgehen und noch Brennholz hacken.«

So blieb sie denn allein, wickelte ihren Hahn aus, den sie mitgebracht hatte, und setzte ihn zum Schlafen auf den Ofenrand, danach betete sie zu Gott. Der Alte jedoch war hinausgegangen und hatte einen Klotz zurechtgehauen, den band er an einen Ast, damit er im Winde gegen den Stamm klopfe; dann spannte er heimlich die Pferde an, verließ eilends den Wald und fuhr davon, bevor es Mitternacht wurde.

Als Oljana den Klotz anschlagen hörte, meinte sie: »Solch ein Wind geht daher, und mein armer Vater muss Brennholz hacken!« Aber nachher dachte sie bei sich: »Warum schlägt er für eine Nacht so viel Holz klein? Ich will geh'n und ihn hereinrufen.« Als sie aus der Türe trat, da schlug nur der Klotz gegen den Baum, vom Vater aber war keine Spur mehr zu sehen! Da erriet sie wohl, dass er sie mit Willen verlassen habe; sie ging in die Hütte, fing an zu weinen und zu beten.

Da kam zu ihr der Fremde, fein gekleidet war er und trug einen schwarzen Hut, und sprach zu ihr: »Guten Abend, Mädchen! Warum sollst du dich langweilen, komm lieber mit mir tanzen.« Sie erschrak und sagte: »Wie sollt' ich mit Euch tanzen, wo ich doch nicht einmal ein reines Hemd anhabe? Seht, wie es beschmutzt ist!« Da sprach er: »Das will ich dir gleich bringen.« Und fort war er aus der Hütte. Sieh da, er brachte das Hemd und rief: »Hetz, hetz, hetz! Zum Tanze geh'n wir jetzt!«

Sie sagte aber: »Ich hab' kein schönes Kleid, geh hin und bring mir eins.« Da machte er sich auf, brachte ein prächtiges seidenes Kleid und rief wieder: »Hetz, hetz, hetz! Zum Tanze geh'n wir jetzt!«

Doch sie sprach: »Ich habe noch kein Tuch.« Da brachte er ihr auch ein Tuch und hernach Schuhe und Strümpfe, kostbare Ringe und Halsschmuck und alles, was zum Staat gehört! Und dann gab sie ihm noch auf, eine Kutsche herbeizuschaffen und ihr Geld zu bringen. So musste er die ganze Nacht hin- und herlaufen, bis alles beisammen war. Sie aber hatte sich geschmückt und war über alle Maßen schön geworden; da rief er: »Hetz, hetz, hetz! Zum Tanze geh'n wir jetzt!« Doch wie er sie packen wollte, krähte der Hahn auf dem Ofen: »Kikeriki!« Da zerfloss der Teufel zu Pech, aber all die Sachen gehörten nun Oljana.

Sie wartete den Tag ab, setzte sich in die Kutsche und fuhr hinaus in die Welt. Sie fuhr und fuhr, verirrte sich oft und weinte schon bitterlich, weil sie aus dem Walde nicht hinausfinden konnte.

Da lief plötzlich der Hund herbei und sprach zu ihr: »Ich will dich auf den Weg führen und nach Hause bringen, weil du mich vom Tode errettet hast.« Der Hund lief also voraus und zeigte den Weg, und sie fuhr hinterher.

Da bekam sie ein großes Verlangen, etwas zu essen. Plötzlich roch sie den Duft von Birnen. Sie wunderte sich darüber, aber da stand auch schon der Birnbaum, den sie gesäubert hatte. Als sie hinzuging, um Birnen abzuschütteln, fielen sie von selbst vor ihr nieder. Und sie aß sich satt und brachte noch viele Birnen als Geschenk mit heim.

Dann kamen sie zu dem Quell, hielten bei ihm an und tranken von dem Wasser; es war aber süß wie Honig.

Endlich kamen sie in das Dorf; der Hund lief voraus unter das Fenster und rief: »Wau, wau, ich sage euch: Des Alten Tochter ist einem Fräulein gleich, der Alten ihre – einer Hündin!« Das Weib lief hinaus mit einem Stock, um den Hund zu schlagen, doch da kam schon der Wagen mit dem Fräulein heran und fuhr geradewegs zu ihnen auf den Hof. Nun erkannten sie, dass es ihre Oljana war. Der Alte war sehr froh und nahm die Tochter gerne wieder auf; aber auch die Mutter freute sich, weil Oljana Geschenke mitgebracht hatte.

Dann verlangte sie jedoch vom Alten, er solle auch Katja in den Wald führen, damit sie auch so werde wie die Schwester. Der Alte spannte wieder die Pferde an, nahm Katja mit und fuhr davon. Sie rasteten an der gleichen Stelle wie das erste Mal. Katja aß sich mit dem Vater satt, ging darauf Wasser suchen und fand ein kleines Brünnlein, das war ganz versandet. Da sprach das Brünnlein: »Reinige mich, liebes Mädchen, dann wirst du später einmal von meinem Wasser trinken können.« Sie antwortete jedoch: »Fällt mir wohl ein, bei dir herumzuplantschen! Kommen wir ins Dorf, krieg ich schon Wasser zu trinken!«

Danach kam sie zu einem Apfelbaum, der am Wege stand, der bat: »Reinige mich, liebes Mädchen, ich werde dir noch einmal von Nutzen sein.« »Was? Meinst du, ich hätte nichts anderes zu tun, als mich mit dir abzugeben?!«, und so ließ sie's denn sein.

Sie kehrte zum Wagen zurück, und da lag auf dem Wege ein alter, schwacher Hund, der bat: »Rette mich, liebes Mädchen, ich werde dir von Nutzen sein.« »Was?«, sagte sie. »Stinken tust du wie die Pest, und ich soll mich noch an dir beschmutzen?! Nein, das will ich nicht!«, und ging fort.

Dann setzte sie sich in den Wagen und fuhr mit dem Alten in den Wald. Der Vater ließ sie allein in der Hütte und machte sich selbst davon, wie beim ersten Mal. Und da Katja unterwegs einen Hahn gefunden hatte, drehte sie ihm den Hals um und kochte zum Abendessen eine Suppe.

Mit einem Mal aber kam der Fremde und sprach zu ihr: »Guten Abend, liebes Mädchen! Warum sollst du dich langweilen, komm lieber mit mir zum Tanz!« Sie antwortete: »Wie sollt ich mit dir tanzen geh'n, wo ich doch kein Kleid hab, wie's die Fräulein tragen, und keine Kutsche und keine Pferde und kein Geld? Erst bring mir das alles.« Da ging er fort und brachte alles auf einmal mit, so, wie sie es ihm aufgetragen hatte, und sagte: »Nun zieh dich an, und dann wollen wir tanzen!« Sie zog sich an und begann mit ihm zu tanzen.

Und er tanzte mit ihr so lange, bis ihr die Knöchelchen auseinanderfielen, dann nahm er alle Sachen mit sich und verschwand. Die Alte aber wartete auf ihre Tochter, hielt es nicht mehr aus und fuhr selber, sie zu holen. Doch als sie hinkam, lagen nur noch die Knöchelchen dort. Da heulte sie und heulte, aber die Tochter kehrte davon nicht zurück.

Des Alten Tochter aber freite der Gutsherr, und sie machten Hochzeit.

Bei ihnen war ich,
Met und Wein trank ich,
Übern Bart da floss es mir,
Doch der Mund blieb trocken mir.

Sjerko

Da war einmal ein Bauer, der hatte einen Hund, der hieß Sjerko. Der Hund war alt und konnte keine Dienste mehr tun, und so jagte ihn der Bauer vom Hof. Bitteren Herzens trollte sich Sjerko und grämte sich: »All die Jahre habe ich meinem Herrn treu gedient, hab den Hof bewacht, die Hühner und Gänse vorm Fuchs beschützt und die Schafe und Ziegen vorm Wolf, und nun, auf meine alten Tage, wo ich nicht mehr umherspringen kann, gönnt er mir keinen Bissen Brot. Ach, Undank ist der Welt Lohn!«.

Und wie er so vor sich hintrottete und Trübsal blies, begegnete ihm der Wolf. Der sprach: »Grüß dich, Sjerko, was lässt du denn den Kopf so hängen?« Da sagte Sjerko traurig: »Ach, mein Herr hat mich davongejagt, nun, da meine Beine nicht mehr wollen und ich ihm nicht mehr von Nutzen bin. Und da irre ich nun in der Welt umher und weiß nicht, wohin und wie ich was zu beißen kriegen soll.« »Woll'n seh'n, woll'n seh'n«, sagte der Wolf, »mir wird schon etwas einfallen, dass dein Herr dich wieder zu sich nimmt.« Sjerko hob den Kopf und schöpfte Hoffnung: »Ach, Bruder Wolf, das wäre ja wunderbar! Ich werde es dir ewig danken! Aber wie wollen wir das anstellen?« »Lass mich nur machen«, sagte der Wolf. »Ach, Bruder Wolf, ich wäre dir zu ewigem Dank verpflichtet!« »Umso besser«, sagte der Wolf, »und nun hör zu: Morgen, wenn der Bauer und die Bäuerin zum Kornschneiden aufs Feld gehen, werden sie ihr kleines Kind mitnehmen und zum Schlafen an den Feldrand legen. Ich werde mich heranschleichen, es packen und so tun, als würde ich mit ihm forteilen. Dann kommst du herbei, läufst auf mich zu, so schnell du nur kannst, und jagst mir hinterher. Ich aber werde so tun, als würde ich vor Schreck von dem Kind ablassen, und du kannst es wohlbehalten den dankbaren Eltern zurückbringen. Und sei gewiss: Dann werden sie dir aus

Dankbarkeit dein Gnadenbrot gewähren, und du sollst auf deine alten Tage ein gutes Leben auf dem Hof haben.« Sjerko willigte in den Plan ein.

Am andern Morgen, in aller Frühe, gingen der Bauer und seine Frau aufs Kornfeld. Die Bauersfrau wickelte ihr Kindlein in eine Decke, legte es an den Feldrand neben eine Getreidehocke und machte sich nichtsahnend an die Arbeit. Mit einem Mal aber kam der Wolf, packte das Kind und lief mit ihm fort. Die Bäuerin schrie und raufte sich die Haare, der Bauer schrie, ließ die Sense fallen und wollte gerade dem Wolf hinterherrennen, da kam plötzlich Sjerko herbei und jagte dem Wolf hinterher. Und als er den Wolf fast eingeholt hatte, ließ dieser das Kind fallen und rannte davon. Da nahm Sjerko das kleine Bündel vorsichtig zwischen die Zähne und trug das Kindlein zum Feld zurück. Dort legte er es sanft vor die Füße der Bauersfrau, die außer sich war vor Erleichterung und Freude.

Der überglückliche Bauer aber griff den Beutel mit Brot, den sie sich zum Mittagsmahl mitgenommen hatten, holte auch den Speck noch hervor und sagte voller Dankbarkeit: »Da, Sjerko, nimm das zum Dank dafür, dass du unser Kind gerettet hast!« Und Sjerko aß Brot und Speck, soviel er wollte. Am Abend nahmen die Bauersleute Sjerko mit zurück auf den Hof. Und als sie heim kamen, sprach der Bauer zu seiner Frau: »Koche heute ein paar Klöße mehr, und mit dem Schmalz musst du auch nicht sparen. Sjerko hat es sich verdient.« Ja, und was glaubt ihr: Da ließen sie ihn bei sich am Tisch essen, und gaben ihm Klöße und Schmalz, dass Sjerko meinte, im Himmel könne es nicht schöner sein. Eine ganze Schüssel voll Klöße bekam er, und der Bauer pustete sogar, damit er sich nicht die Zunge verbrannte.

Sjerko war glücklich! Und er war dem Wolf dankbar, dass er dank ihm nun ein so gutes Leben hatte. Da dachte er sich: »Ich muss dem Wolf für seine Wohltat etwas Gutes tun und mir etwas einfallen lassen.«

Es dauerte nicht lange, da fand sich Gelegenheit dazu, denn die älteste Tochter des Bauern wollte Hochzeit halten. Und so lief

Sjerko hinaus in den Wald zum Wolf und sprach: »Mein Freund, ich bin dir zu großem Dank verpflichtet, denn nun habe ich ein gutes Leben bei meinem Herrn. Und um mich erkenntlich zu zeigen, habe ich einen Plan geschmiedet: Am Sonntag ist Hochzeit. Komm Sonntagabend an den Gartenzaun, dann will ich dich durch die Hintertür ins Haus schleusen und dir Gutes mit Gutem vergelten.«

Der Wolf kam am Sonntag zur vereinbarten Stelle, und Sjerko führte ihn heimlich ins Haus. Dort versteckte er den Wolf unterm Tisch, denn zur Hochzeitsfeier war das gute Tischtuch gedeckt, und das reichte bis zum Boden. Dann nahm er einen Krug Branntwein vom Tisch und ein ordentliches Stück Braten und ging damit unter den Tisch, zum Wolf. Die Gäste wunderten sich über den dreisten Hund, der Speis und Trank vom Tisch stahl und damit unterm Tisch verschwand, und wollten ihm Prügel verpassen und ihn hinauswerfen. Der Bauer aber lachte und nahm Sjerko in Schutz: »Nun, heute wollen wir alle lustig sein, und auch unser Sjerko soll sich einmal so recht vergnügen, denn ohne ihn hätten wir unser Kind nie mehr wiedergesehen! Und Gutes soll mit Gutem vergolten werden!«

Und so langte Sjerko immer wieder die besten Brocken vom Tisch und brachte sie dem Wolf. Der aber wurde vom vielen Branntwein ganz vergnügt und sagte: »Nun bin ich satt, nun will ich singen!« »Das lässt du hübsch bleiben!«, raunte Sjerko. »Das kann nicht gutgehen! Wenn du mir versprichst, nicht zu singen, bringe ich dir noch einen Krug Branntwein, aber bleib um alles in der Welt still!« Der Wolf trank noch das ein oder andere Gläschen, dann sagte er mit lallender Zunge: »Wir sollen alle lustig sein! Hat der Bauer selbst gesagt! Jetzt muss gesungen werden!« Oje, war das ein Geheule, das da nun plötzlich unterm Tisch hervorkam! Den Gästen standen vor Schreck die Haare zu Berge, und sie sprangen vom Stuhl auf. Dann schaute ein besonders Mutiger unter den Tisch und schrie: »Der Wolf!«, und alle stürzten in wildem Durcheinander umher. Die einen wollten hinaus, die anderen wollten den Wolf erschlagen.

Sjerko aber stürzte sich auf den Wolf und tat, als wolle er ihn erwürgen. Und der Bauer rief den Gästen zu: »Halt, schlagt nicht nach dem Wolf, sonst trefft ihr noch unsern Sjerko; er wird dem Wolf schon allein den Garaus machen!« Sjerko aber ließ kurz vom Wolf ab, damit dieser hinauseilen konnte, und lief ihm nach und jagte ihn, bis sie im Wald waren. Dort dankten sie einander und sagten sich Lebewohl.

Der Hammel und der Ziegenbock

Auf einem Bauernhof lebten einst ein alter Hammel und ein alter Ziegenbock, die waren treue Freunde. Immer waren sie beisammen, der eine konnte ohne den anderen nicht sein. Schlich sich der Ziegenbock in den Gemüsegarten, um Kohl zu stibitzen, trottete auch der Hammel hinterher. Legte sich der Ziegenbock auf der Wiese in den Schatten, tat der Hammel es ihm nach.

Eines Tages aber sagte der Bauer zu seiner Frau: »Lass uns den Hammel und den Ziegenbock fortjagen. Sie fressen uns ja doch nur den Kohl weg und sind zu nichts mehr nütze, nicht mal mehr zum Schlachten.« Der Hammel und der Ziegenbock aber hörten das. Da nahmen sie einen Quersack und gingen fort. Und wie sie so über die Wiesen und Felder wanderten, sahen sie vor sich einen Wolfskopf liegen. Der Ziegenbock war mutig, aber schwach, und so sagte er: »Hammel, du bist doch stark, heb du den Kopf auf und tu ihn in unsern Quersack!« Der Hammel war zwar stark, aber feige, und so sagte er: »Ach nein, ich trau mich nicht, mach du's, du bist viel mutiger als ich!« Da sagte der Ziegenbock: »Allein schaff' ich's nicht, lass uns gemeinsam anpacken.« Also traten sie gemeinsam heran, hoben den Wolfskopf auf und taten ihn in ihren Quersack. Dann gingen sie weiter.

Es begann schon zu dunkeln, da sahen sie in der Ferne ein Feuer brennen. »Lass uns dort die Nacht verbringen«, sagte der Hammel, »da sind wir sicher vor den Wölfen.« Sie gingen also weiter in die Richtung. Doch wie erschraken sie, als sie dort ankamen: Um das Feuer herum saßen drei Wölfe und kochten sich Grütze. Da stotterte der Ziegenbock mit zitternder Stimme: »S-seid gegrüßt!« »Willkommen, willkommen!«, sagte der älteste Wolf. »Ihr habt uns gerade noch gefehlt zu unserer Grütze. Das wird ein Schmaus!« Dem Hammel zitterten die Knie vor Angst, dass er nicht einmal mehr davonrennen konnte. Auch der Ziegenbock zitterte, aber er nahm all seinen Mut zusammen und sagte zum Hammel: »Mein Freund, sei so gut, gib mir doch bitte einmal den großen Wolfskopf aus dem Sack.« Der Hammel zog den Wolfskopf hervor. »Ach, doch nicht den!«, sagte der Ziegenbock. »Ich meine den großen!« Da wusste der Hammel, was zu tun war: Er ließ den Wolfskopf in den Sack zurücksinken und holte ihn zum zweiten Mal hervor. »Nein, den meine ich auch nicht!«, rief der Ziegenbock. »Na, mach schon, gib mir den allergrößten!« Und wie die Wölfe einen Wolfskopf nach dem anderen aus dem Sack hervorkommen sahen, bekamen sie es mit der Angst zu tun. Was waren das für Kerle?! Mit denen war nicht zu spaßen! Und wie viel Wolfsköpfe hatten sie denn noch in dem Sack? Und alle drei dachten fieberhaft darüber nach, wie sie sich aus dem Staube machen könnten, um ihren Kopf zu retten.

Da sprach der eine Wolf: »Mir scheint, die Grütze könnte noch etwas Wasser vertragen, ich geh rasch welches holen«, und stahl sich davon. Nach einer Weile sprach der zweite Wolf: »Teufel auch, wo bleibt der denn so lange? Ich geh' mal nach, sonst brennt noch die Grütze an.« Und auch er nahm Reißaus. Und es dauerte nicht lange, da sagte der dritte Wolf: »Also, wenn sie jetzt nicht bald kommen, brennt wirklich die Grütze an, ich geh' mal lieber hinterher«, und rannte davon.

»Nun denn«, sagte der Ziegenbock zum Hammel, »greif zu! Lass uns rasch die Grütze aufessen. Und dann nichts wie weg, damit wir nicht doch noch im Kochtopf landen.«

Nach einer Weile waren die Wölfe wieder beisammen und besprachen sich, und da fassten sie wieder Mut. »Wie konnten wir uns von den beiden Winzlingen nur so einschüchtern lassen!«, sagte der Älteste. »Kommt, wir gehen zurück, und dann fressen wir sie!«

Der Hammel und der Ziegenbock hatten die Grütze derweil aufgegessen, das Feuer gelöscht und waren weitergezogen. Nach einer Weile kletterten sie auf eine hohe Eiche. Dort oben, in Sicherheit, wollten sie die Nacht verbringen – der Ziegenbock, weil er gut klettern konnte, ganz oben im Wipfel, der Hammel weiter unten.

Die Wölfe kehrten also um, und als sie sahen, dass ihre Grütze weg war und der Hammel und der Ziegenbock ihnen entwischt waren, folgten sie ihren Spuren. Nach einer Weile machten sie Rast, um zu beratschlagen, wie sie die beiden noch kriegen könnten. Und da setzten sie sich ausgerechnet unter jene große Eiche, auf der unsere beiden Freunde Zuflucht gesucht hatten. Und wie sie so nachsannen und in die Sterne guckten, da sahen sie über sich die beiden in den Zweigen der Eiche sitzen. »Na, sieh mal einer an!«, sagte der älteste Wolf. »Wen haben wir denn da?! Ein gefundenes Fressen!« Und er überlegte, wie sie an den Hammel und den Ziegenbock herankommen sollten. Der Hammel zitterte am ganzen Leib vor Angst, so sehr, dass er sich schließlich nicht mehr halten konnte und vom Baum fiel – geradewegs auf den Wolf. Und da kam dem Ziegenbock, wie der Blitz, ein Einfall, wie sie sich retten könnten, und todesmutig rief er: »He, den alten Zottel überlass mir!«, und stürzte sich kopfüber hinterher, vom Baum herunter, auf den Wolf. Da rappelte sich der alte Wolf unter dem Hammel und dem Ziegenbock hervor und rannte heulend davon, den anderen beiden Wölfen hinterher, die schon die Flucht ergriffen hatten.

Ui, was waren der Hammel und der Ziegenbock da froh, dass sie noch einmal davongekommen waren!

Dann zogen sie weiter, und als sie ein hübsches Fleckchen Erde gefunden hatten, bauten sie sich gemeinsam eine Hütte. Dort lebten die beiden Freunde bis an ihr Lebensende und freuten sich am Sonnenschein.

Der Heiltrank

Einst wanderte eine alte Frau durch die Lande und lebte von den Gaben guter Menschen. Eines Tages kam sie in ein Dorf, da sah sie eine junge Frau, die saß vor der Türe und weinte bitterlich. »Kind, was ist mit dir? Warum weinst du?«, fragte die Alte. »Ach, Großmütterchen. Jeden Tag schimpft mein Mann mit mir«, klagte die junge Frau, »und er droht sogar, mich zu schlagen.« Die Alte fragte: »Nun – und du? Erwiderst du sein Schelten?« »Aber ja!«, rief die junge Frau. »Sagt er ein Wort, geb' ich zehn zurück, sagt er zehn, bekommt er zwanzig zurück! Aber, Großmütterchen, das hilft rein gar nichts. Er tobt nur noch wilder.«

Da sagte die Alte: »Vielleicht kann ich dir helfen.« »Ja, liebes Großmütterchen, hilf mir!«, bat die junge Frau. »Dir möge die Sonne scheinen, kein Regen dich nässen und deine Schürze möge stets voller Gaben sein! Ich will dir Speck geben und Brot und weißes Linnen für ein Hemd, wenn du mir nur helfen kannst!«

Da kramte die Alte in ihrem Beutel und zog ein Fläschchen hervor. »Hier hast du einen Heiltrank, meine Tochter. Er ist auf sieben Kräutern angesetzt, gesammelt hinter sieben Bergen und sieben Flüssen, im dunklen Walde am hellen Stein, am ersten Sonnabend nach dem letzten Freitag.« Sie gab der jungen Frau das Fläschchen und mahnte: »Befolge genau, was ich dir sage, denn sonst erlischt die Zauberkraft: Trage das Fläschchen stets bei dir. Und wenn der Zank zwischen euch losgeht, dann dreh dich leise um und nimm ein Schlückchen von dem Trank. Aber nicht hinunterschlucken! Und nicht ausspucken! So lange im Mund bewahren, bis der böse Geist von deinem Mann gewichen ist! Und du wirst sehen: Die Not vergeht, der Zorn verweht.«

Dankbar nahm die junge Frau den Heiltrank, und die Alte zog weiter. Nach geraumer Zeit kam sie wieder in jenes Dorf. Und wieder saß die junge Frau vor dem Haus. Doch diesmal trällerte sie ein Lied. Als sie die Alte erblickte, sprang sie freudig auf und rief: »Großmütterchen, liebes Großmütterchen! Vielen tausend Dank für den Heiltrank!« »Dann hat er wohl geholfen?«, fragte die Alte. »Das sage ich dir! Wie weggeblasen sind alles Leid und aller Streit!«, jubelte die junge Frau. »Kommt mein Mann heim und will zanken, so nehme ich ein Schlückchen von deinem Heiltrank und halte es im Mund. Und denk dir: Mein lieber Mann ist dann wie ausgewechselt. Er setzt sich friedlich an den Tisch und spricht freundlich mit mir. Dann schlucke ich den Trank hinunter und antworte ihm freundlich. Eitel Freude und Sonnenschein! So, und nun sollst du bekommen, was ich dir versprach.« Sie lief rasch ins Haus und brachte der Alten ein Weißbrot, ein gutes Stück Speck und feinen Leinenstoff. Die Alte nahm es, verneigte sich und machte sich auf den Weg.

Da rief die junge Frau: »Halt, Großmütterchen, so warte doch! Mein Zaubertrank geht ja zu Ende!« Die Alte drehte sich um und lächelte: »Sei unbesorgt, meine Tochter. Das ist nicht schlimm. Fülle sauberes Wasser aus dem Brunnen in die Flasche. Das wird von nun an helfen.«

Der schönere Traum

Eines Tages kam Grizko, der Hirte, vom Jahrmarkt zurück. Und während er heimwärts ging, blies er fröhlich auf seiner Schalmei. Da überholte ihn der Gutsherr, der Pan, und sagte: »Na, Grizko, auch auf dem Jahrmarkt gewesen?« »Tja.« »Hast dir dort die Schalmei gekauft, nicht wahr?« »Tja.« »Na komm, Grizko, lass uns den Rest des Weges zusammen gehen.« »Hm.« Sie gingen also zusammen weiter.

Nach einer Weile fanden sie, mitten auf dem Weg, ein kleines gebratenes Ferkel. Knusprig war es, mit goldbrauner Kruste, und mit Hirsebrei gefüllt. Wer weiß, wie's da hingekommen war, vielleicht war es von einem Karren gefallen. Es sah jedenfalls köstlich aus. Und der Pan dachte fieberhaft nach, wie er es anstellen könnte, dass er das Ferkelchen ganz für sich allein haben könnte.

Da hatte er einen Einfall. »Sieh mal, Grizko«, sagte er, »wenn wir das Ferkelchen miteinander teilen, dann esse ich vielleicht zu viel oder du isst zu viel, und es würde auch nicht recht für uns beide reichen, und am Ende wäre keiner satt und keiner zufrieden. Lass es uns lieber so machen: Wir legen uns hier am Wegesrand hin und schlafen ein wenig. Und wer den schöneren Traum hat, der soll das Ferkelchen für sich allein bekommen.« »Hm«, sagte Grizko, »also gut: einverstanden.«

Sie legten sich also nieder, und es dauerte nicht lange, da schnarchte der Pan. Grizko aber war hellwach. Er rüttelte den Pan, erst sachte, dann stärker, um zu sehen, ob er auch wirklich schlafe. Der Pan schnarchte seelenruhig weiter. Da zog Grizko dem Pan einen Brotkanten aus der Tasche, denn der fehlte gerade noch zu seinem Glück, das heißt: zu dem Ferkelchen. Denn das aß er nun genüsslich auf, bis auch noch das letzte Knöchelchen blankgeleckt und der letzte Bissen vom Hirsebrei verputzt war. Dann legte er sich satt und zufrieden hin und schlief ein.

Nach einer Weile wurde der Pan wach. Nun war es an der Zeit, dass er seinen Plan ausführte, und er rüttelte Grizko wach. »Und, Grizko, was hast du nun geträumt? Erzähl schon!« Grizko gähnte und sagte: »Ach nein, Ihr müsst zuerst erzählen, denn Ihr habt mich so grob wachgerüttelt, dass ich vor Schreck vergessen habe, was ich grad geträumt habe. Es muss mir erst wieder in den Sinn kommen.«

»Na gut, also pass auf, was ich für einen schönen Traum hatte«, sagte der Pan, »denn im Traum ist es mir, als wache ich auf, und da sehe ich, ganz in der Nähe, ein stattliches Ross grasen; es hat silberne Zügel, goldene Steigbügel und auf dem Sattel ein Daunenkissen. Ich gehe zu dem Ross, sitze auf und reite durch die Steppe. Ach, was für ein herrliches Pferd! Und es galoppiert so leichtfüßig dahin, dass ich sogar zu singen beginne. Nach einer Weile komme ich an einen Pfahl, an dem eine Leiter lehnt. Ich halte an und steige vom Pferd, dann binde ich es an und klettere die Leiter hoch und immer höher. Ich klettere und klettere, und bin mit einem Mal im Himmel. Ich gehe weiter, immer der Nase nach, und da komme ich an eine Hütte. Ich öffne die Tür einen Spalt, und da ist drinnen alles ganz hell. Ich guck' also hinein, und da sitzt dort der liebe Gott, höchstpersönlich, sitzt da am Tisch und isst zu Abend. Und was da nicht alles gedeckt ist: Klöße mit Kirschen, Spätzle mit saurer Sahne und Nudeln mit Knoblauchwurst. Mir läuft das Wasser im Munde zusammen. Und da guckt der liebe Gott hoch, schaut mich an und sagt: ›Komm, setz dich und iss mit mir.‹ Tja, und da habe ich doch wirklich mit dem lieben Gott höchstpersönlich zu Abend gegessen. Na, was sagst du da, Grizko? Einen schöneren Traum kann man doch wohl nicht haben, oder? So, und jetzt gib mir das Ferkel!«

»Nicht so schnell«, sagte Grizko. »Ihr habt ja noch gar nicht meinen Traum angehört!« »Na, meinetwegen, erzähl schon«, sagte der Pan, »aber mach schnell, ich habe Hunger.«

»Also«, sagte Grizko, »stellt Euch vor: Auch ich wache im Traum auf, und da sehe ich einen schäbigen alten Gaul. Ich steige auf und er trottet los, durch die weite Steppe. Ach, war mir elend!

Endlich sehe ich einen Pfahl mit einer Leiter daran, und da steht ein prächtiges Ross an den Pfahl gebunden, herrlich anzuschau'n, sag' ich Euch: die Zügel aus Silber, die Steigbügel aus Gold, und auf dem schönen Sattel noch ein Daunenkissen.« »He!«, rief der Pan. »Das war ja mein Ross! Aus meinem Traum!« »Tja«, sagte Grizko, »jedenfalls klettere ich also die Leiter hoch, und klettere und klettere, bis mir schon ganz schwindelig wird, und als ich oben ankomme, ja, da bin ich doch geradewegs im Himmel gelandet. Ich gehe immer der Nase nach und seh' da eine Hütte steh'n. Ich also hinein, und wen sehe ich da? Da sitzt doch tatsächlich Ihr zusammen mit dem lieben Gott und esst zu Abend. Und der Tisch, der biegt sich vor lauter Klößen mit Kirschen und Spätzle mit saurer Sahne und Nudeln mit Knoblauchwurst! Köstlich! Ach, da würde ich auch gerne was abhaben. Aber dann wedelt Ihr, lieber Pan, mit der Hand, so, als sollte ich mich fortscheren. Ach, da bin ich traurig. Aber dann sagt Ihr: ›Geh nur, Grizko, und iss das Ferkelchen meinetwegen alleine auf. Ich lasse es mir hier beim lieben Gott schmecken.‹ Ich steig' also die Leiter wieder runter, esse das Ferkelchen und lege mich schlafen.«

»Grizko!«, brüllte der Pan. »Du hast doch nicht etwa das Ferkelchen aufgegessen?!« »Na, und ob, lieber Pan«, sagte Grizko, »und die Knöchelchen habe ich feinsäuberlich abgelutscht.« »Wie konntest du?«, rief der Pan und weinte fast. »Es war doch nur ein Traum!« »Das habe ich nicht gewusst, als ich das Ferkelchen aß«, sagte Grizko. »Ich habe nur gewusst: Der Pan hat abgewunken und mich weggeschickt vom Abendbrot mit dem lieben Gott, ich solle nur ruhig allein das Ferkelchen essen ...« »Ach, hol dich doch der ...«, brüllte der Pan, »und was ist mit mir? Soll ich jetzt etwa meinen trockenen Brotkanten aus der Tasche ziehen und essen? Wo ich doch dieses Ferkelchen hätte haben können! Ach, dieses Ferkelchen ...« »Nehmt mir's nicht übel, lieber Pan«, sagte Grizko, »aber ich hab' gedacht: ›Na, der Pan, der wird nach dem guten Abendessen mit dem lieben Gott bestimmt kein Schwarzbrot mehr wollen‹, und da hab' ich den Brotkanten zum Ferkelchen gegessen.«

Oh wie fluchte da der Pan! Aber was sollte er machen. Er nahm seine Mütze und stapfte wütend heimwärts. Grizko aber lachte und strich sein kugelrundes Bäuchlein. Dann nahm er seine Schalmei, blies fröhliche Lieder und ging nach Hause.

Wie der Bauer mit dem hochmütigen Gutsherrn zu Mittag aß

Da lebte einmal ein Gutsherr, ein Pan, der war reich und trug die Nase recht hoch. Besonders schlecht dachte er über die Bauern. »Die stinken ganz übel«, dachte er und befahl seinen Dienern: »Haltet mir die Bauern vom Leib! Dass keiner auch nur in meine Nähe kommt!«

Eines Tages standen zwei Bauern beisammen und redeten über ihren Gutsherrn. »Gestern, als ich auf dem Feld war, da habe ich den Pan ganz nah vorbeireiten sehen!«, flunkerte der eine. »Und ich habe beim Gutshaus durchs Gitter gelugt, und da habe ich unsern Herrn gesehen, wie er auf dem Balkon saß und Kaffee getrunken hat«, prahlte der andere. Das hörte das ärmste Bäuerlein der Gegend, stellte sich dazu und sagte lachend: »Na, ihr zwei! Durchs Gitter lugen, so etwas brauche ich nicht. Also: Wenn ich will, dann esse ich mit ihm zu Mittag!«

»Wie willst du das anstellen?«, fragten die beiden andern. »Wenn der dich nur von weitem sieht, lässt er dich schon hinauswerfen. Nicht mal bis an seine Tür wirst du's schaffen.« »Ich werde mit ihm zu Mittag essen«, sagte das Bäuerlein. »Du lügst!«, schrien die andern. »Nein, ich lüge nicht«, sagte das Bäuerlein ruhig, »ihr werdet schon sehen.« Da steckten die beiden andern die Köpfe zusammen, dann sagte der eine: »Wir wollen mit dir wetten: Wenn du wirklich mit dem Gutsherrn zu Mittag isst, bekommst du von uns zwei Ochsen und zwei Säcke Weizen. Wenn es dir aber nicht gelingt, musst du uns deinen Ochsen und einen Sack Weizen geben. Abgemacht?« »Abgemacht!«, sagte das Bäuerlein und ging sogleich zum Gutshaus.

Doch er war noch nicht einmal an der Tür, da lief ihm schon ein Diener entgegen und wollte ihn hinauswerfen. »Halt! Hör mir zu!«, rief das Bäuerlein. »Ich habe eine wichtige Nachricht für den Pan, die er unbedingt hören muss!« »Sag es mir, ich sag's dann dem

Gutsherrn. Ich darf deinesgleichen nicht in seine Nähe lassen!«, sagte der Diener. »Ich sage es aber niemand anderem außer dem Pan selbst!«, sagte das Bäuerlein mit fester Stimme. »Warte hier und rühr dich nicht von der Stelle«, sagte der Diener, ging zum Gutsherrn und meldete ihm den Vorfall. »Hm«, sagte der Pan und dachte: »Ein Bäuerlein, das nicht betteln will, sondern eine wichtige Nachricht hat, die es nur mir verraten will? Daraus werde ich sicher meinen Nutzen ziehen.« Und so befahl er dem Diener: »Nun denn, es sei: Bringe den Bauern zu mir!« Da ließ der Diener den Bauern herein und geleitete ihn zum Gutsherrn.

Der kam ihnen schon entgegen und fragte: »Nun, Bäuerlein, was hast du mir zu sagen? Heraus mit der Nachricht!« Der Bauer guckte bedeutungsvoll zu den Dienern und sagte: »Gnädiger Herr, ich muss mit Euch unter vier Augen sprechen!« Das machte den Gutsherrn noch neugieriger, und er schickte die Diener hinaus.

Als sie allein im Raum waren, raunte der Bauer: »Sagt, gnädiger Herr, was ist wohl ein Stück Gold wert, das so groß ist wie ein Pferdekopf?« »Wozu willst du das wissen?«, fragte der Pan. »Ich muss es wissen, mehr darf ich noch nicht sagen«, antwortete der Bauer. »Das Bäuerlein hat sicher einen gewaltigen Goldschatz gefunden, wie würde es sonst so fragen?«, dachte der Gutsherr, und seine Augen begannen zu glänzen wie das Gold, an das er dachte. Er rieb sich die Hände, die vor Verlangen zitterten, dann aber beherrschte er sich und sagte beiläufig. »Na, Bäuerlein, mir kannst du's ruhig sagen, wozu du das wissen willst.« Doch da seufzte das Bäuerlein, wandte sich um und sagte: »Mir scheint, Ihr könnt oder wollt meine Frage nicht beantworten. Nun denn, jetzt muss ich mich aber sputen, denn zuhause wartet meine Frau mit dem Mittagessen.« »Na, so warte doch!«, rief der Gutsherr, und es fehlte nicht viel, da hätte er das Bäuerlein beinahe am Ärmel gefasst und festgehalten. Aber er beherrschte sich, auch wenn er vor Gier nach dem Gold nun schon am ganzen Leib zu zittern begann. »Warte nur, Bäuerlein!«, dachte sich der Pan. »Dich krieg' ich noch, mir wird schon etwas einfallen, wie ich dich übers Ohr hauen kann, und dann gehört dein Goldschatz mir!«

Und mit sanfter, liebenswürdiger Stimme sprach er: »Na, na, wer wird denn gleich so voreilig sein?! Wenn du Hunger hast, Bäuerlein: Komm und setz dich. Du bist eingeladen! Du kannst mit mir zu Mittag essen.« Und er winkte seine Diener herbei: »Flink den Tisch gedeckt! Und die Schnapsflaschen nicht vergessen!« Und im Nu hatten die Diener allerlei leckere Speisen und Schnäpse aufgetischt.

Da sitzt nun der arme Bauer mit dem Gutsherrn am Tisch und isst mit ihm zu Mittag. Und trinken tun sie auch, und nicht zu wenig, denn der Gutsherr hat es darauf abgesehen, den Bauern betrunken zu machen. »Nur zu!«, ruft er immer wieder. »Iss, soviel du willst! Trink, soviel du willst, ein guter Bissen will begossen werden, also Prost! Ypa!«

Der Bauer greift beherzt zu und lässt es sich schmecken. Und der Pan lässt immer wieder nachlegen und nachschenken. Und als der Bauer sich den Bauch ordentlich vollgeschlagen hat, sagt der Pan: »So, mein Lieber, und nun lauf rasch heim und bringe mir dein Goldstück, das so groß ist wie ein Pferdekopf. Ich will großzügig sein und dir einen Dukaten dafür geben.« »Nein, gnädiger Herr«, sagt der Bauer. »Wie: ›nein‹?!« »Ich bringe das Gold nicht!« »Wie: Du bringst es nicht?! Du musst es mir bringen! Ich befehle es dir! Ich bin der Pan! Alles, was du auf meinem Grund und Boden findest, gehört mir, also bring mir meinen Goldschatz!«

»Gnädiger Herr, ich kann Euch den Goldschatz nicht bringen!« »Wie: Du kannst ihn nicht bringen?!« »Na, weil ich ihn nicht habe!« »Wie: Du hast ihn nicht?! Ja, warum hast du denn dann gefragt, was wohl ein Goldstück wert wäre, das so groß ist wie ein Pferdekopf?« »Na, ich wollte es halt wissen, nur so.«

Was war der Pan da wütend! »Raus mit dir, du Bauerntölpel!«, schrie er. »Geh mir aus den Augen!«

Dem Bäuerlein aber war das egal. Es hatte die Wette gewonnen und mit dem hochmütigen Gutsherrn zu Mittag gegessen. Er freute sich auf die beiden Ochsen, denn die würden ihm das Leben leichter machen, und auf die zwei Sack Weizen, denn damit würde er gut durch den Winter kommen. Und er sagte: »Ob ich ein Tölpel bin? Ich glaube nicht, gnädiger Herr. Ich habe nach Herzenslust gegessen und getrunken und für den Spaß obendrein noch zwei Ochsen und zwei Sack Weizen gewonnen. Denn eine Wette war's, dass ich mit Euch zu Mittag esse. Wenn's Euch beliebt, nennt mich ruhig einen Bauerntölpel. Doch wenn Ihr mich fragt, war's Bauernschläue.«

Dann zog er seine Mütze zum Gruß und ging seiner Wege.

Vom Miteinander

Der Fäustling

Ein alter Mann wanderte einst durch den Winterwald, und sein Hündchen sprang ihm munter voraus. Wie er so durch den Schnee stapfte, verlor er unbemerkt einen Fäustling. Da huschte geschwind ein Mäuslein herbei, das schlüpfte in den Fäustling hinein.

»Das soll mein neues Zuhause sein!«, rief es freudig.

Kam ein Fröschlein angehüpft und fragte:

»Wer wohnt hier im Fäustling?«

»Ich bin's, das Mäuslein Knabberfein. Und wer bist du?«

»Ich bin's, das Fröschlein Hüpfebein. Lass mich herein!«

»Tritt ein!«

Nun waren sie zu zweit. Sprang ein Häslein herbei und fragte:

»Wer wohnt hier im Fäustling?«

»Das Mäuslein Knabberfein und das Fröschlein Hüpfebein. Und wer bist du?«

»Ich bin's, das Häslein Sausewind. Lasst mich herein!«

»Tritt ein!«

Nun waren sie schon zu dritt. Schlich ein Füchslein heran und fragte:

»Wer wohnt hier im Fäustling?«

»Das Mäuslein Knabberfein und das Fröschlein Hüpfebein und auch das Häslein Sausewind. Und wer bist du?«

»Ich bin's, das Füchslein Packgeschwind. Lasst mich herein!«

»Tritt ein!«

Nun waren sie schon vier im Fäustling. Kam ein Wölflein des Weges und fragte:

»Wer wohnt hier im Fäustling?«

»Das Mäuslein Knabberfein und das Fröschlein Hüpfebein, das Häslein Sausewind und auch das Füchslein Packgeschwind. Und wer bist du?«

»Ich bin's, das Wölflein Silberfell. Lasst mich herein!«

»Tritt ein!«

Nun kroch auch noch das Wölflein hinein, und da waren sie schon fünf. Stürmte ein Eber herbei und grunzte:

»Wer wohnt hier im Fäustling?«

»Das Mäuslein Knabberfein und das Fröschlein Hüpfebein, das Häslein Sausewind, das Füchslein Packgeschwind und auch das Wölflein Silberfell. Und wer bist du?«

»Ich bin's, der Eber Schnüffelschnell. Lasst mich herein!«

Oje! Wollte denn wirklich jeder hinein? Es wurde langsam eng im Fäustling. Und so sagte das Mäuschen:

»Du passt nicht mehr hinein!«

»Es wird schon irgendwie gehen, rückt einfach zusammen!«

»Na, wenn's unbedingt sein muss: Tritt ein!«

Nun quetschte sich auch noch der Eber hinein, und da waren sie schon sechs. Herrje, war das ein Gedränge! Da knackte es im Wald, und ein Bär tappte auf den Fäustling zu und brummte:

»Wer wohnt hier im Fäustling?«

»Das Mäuslein Knabberfein und das Fröschlein Hüpfebein, das Häslein Sausewind, das Füchslein Packgeschwind, das Wölflein Silberfell und der Eber Schnüffelschnell. Und wer bist du?«

»Ich bin's, Väterchen Bär. Lasst mich herein!«

»Wie sollen wir dich noch hereinlassen? Wir sind ja schon so viele! Es ist ohnehin schon so eng, wie willst du da noch Platz finden?«

»Nun habt euch nicht so, es wird schon halbwegs gehen.«

»Na gut, tritt ein, aber nur mit einem Hinterbein.«

Nun zwängte sich auch noch der Bär hinein, und nicht nur mit dem Hinterbein, und da waren sie sieben. Nun aber hockten sie so eng beisammen, dass der Fäustling in allen Nähten krachte.

Mittlerweile aber hatte der alte Mann bemerkt, dass er seinen Fäustling verloren hatte. Er kehrte um und ging ihn suchen, und sein Hündchen sprang munter voraus. Es lief und lief, und da sah es den Handschuh liegen und sah, wie er sich bewegte und beulte, wie es rappelte und zappelte. Und da bellte das Hündchen: »Wau, wau, wau!«

Und vor Schreck purzelten die Tiere allesamt wieder heraus aus dem Fäustling. Und als sie den alten Mann herankommen sahen, nahmen sie rasch Reißaus und rannten in den Wald zurück. Der alte Mann aber hat von alldem nichts gemerkt. Er fand seinen Fäustling, hob ihn auf und war's zufrieden.

Der Herr Kater

Ein alter Kater hatte seinem Herrn treu gedient. Doch nun waren seine Beine schwach geworden und er konnte keine Mäuse mehr fangen. Und sein Herr dachte: »Er ist zu nichts mehr nütze. Und ich will ihn nicht durchfüttern. Also fort mit ihm!«, und er packte den Kater und fuhr ihn in den Wald. Dort setzte er ihn unter einen Baum und fuhr heim.

Da saß der Kater also allein im Wald. Was sollte nun aus ihm werden? Nach einer Weile kam eine Füchsin des Weges und sagte: »Na, wen haben wir denn da? Wer bist du, wenn ich fragen darf?«

»Nun, du darfst. Ich bin der Herr Kater.«

Die Füchsin freute sich, einen so vornehmen Herrn kennenzulernen, und sprach: »Willst du mein Mann werden? Dann bin ich nicht mehr so allein und du bist nicht mehr so allein.« Der Herr Kater schaute sie sich an, und weil sie recht hübsch war, sagte er Ja. Denn er dachte: »Besser als hier allein im Wald zu sein, ist es allemal.« Und so ging er mit der Füchsin in ihr Haus und sie hielten Hochzeit.

Die Füchsin verwöhnte ihren Mann mit allerlei Leckerbissen: Fing sie ein Hühnchen, so setzte sie es ihm vor und nagte selbst nur am Flügelchen. Fing sie eine Gans, so briet sie ihm einen guten Sonntagsbraten und gönnte sich selbst kaum einen Bissen. Hauptsache, ihr Mann war zufrieden. Kurz: Der Herr Kater ließ es sich gutgehen, sehr gut sogar.

Eines Tages traf die Füchsin den Hasen, der sprach: »Guten Tag, schöne Füchsin. Lang nicht gesehen! Wie geht's, wie steht's? Wollen wir beide auf der Bank ein Schwätzchen halten? Und gegen Händchenhalten hätte ich auch nichts einzuwenden ...«

»Nun, du musst wissen«, sprach die Füchsin, »ich bin nicht mehr allein. Ich habe jetzt einen Mann, den Herrn Kater. Und wenn der dich bei uns im Hause sieht – ich weiß nicht, ich weiß nicht, ich fürchte, dann vergisst er seine vornehmen Manieren und frisst dich.« Oh, da ließ der Hase das Schwätzchen lieber bleiben, und alles andere auch. Bald darauf traf er den Wolf und erzählte ihm vom vornehmen, gefährlichen Herrn Kater, und auch dem Bären und dem Wildschwein erzählte er es.

Da kamen sie alle zusammen und berieten sich, denn sie wollten diesen vornehmen Herrn Kater doch gar zu gern einmal kennenlernen, und wenn er auch gefährlich war. Da beschlossen sie, ihn zum Essen einzuladen, zusammen mit seiner Frau, der Füchsin. Borschtsch wollten sie kochen. »Ich besorge das Fleisch«, sagte der Wolf. »Und ich die Rüben und Kartoffeln«, sagte das Wildschwein. »Den Kohl und die Rote Beete schaffe ich herbei«, sagte der Hase. »Und zum Nachtisch bringe ich Honig mit«, sagte der Bär. Also trugen sie alles zusammen und kochten die Suppe.

Und als sie fertig waren, überlegten sie, wer von ihnen zum Herrn Kater gehen und ihn einladen solle. »Ach«, sagte der Bär, »ich tappe so langsam daher, soll ein anderer gehen.« Das Wildschwein sagte: »Der Herr Kater und die Füchsin wohnen im dichtesten Waldwinkel, ich bin nicht wendig genug. Soll ein anderer gehen.« Der Wolf sagte: »Meine alten Augen wollen nicht mehr so recht. Soll der Hase gehen.« Nun, da ging also der Hase zum Haus der Füchsin.

Als die Füchsin den Hasen sah, fragte sie: »Du hier? Was gibt es so Dringendes, Hase, dass du meine Warnungen in den Wind schlägst?« »Schöne Grüße auch vom Bären, vom Wildschwein und vom Wolf. Wir bitten höflichst: Du mögest doch bitte mit deinem Mann, dem ehrwürdigen Herrn Kater, zu uns zum Essen kommen. Ihr seid herzlich eingeladen. Wir haben Borschtsch gekocht.« »Danke für die Einladung. Wir werden kommen. Aber ich rate euch: Versteckt euch lieber, denn ich weiß nicht, ob er euch am Ende nicht doch allesamt fressen würde, mein Herr Kater.«

Der Hase lief zurück zu den anderen und sagte: »Sie kommen. Aber wir sollen uns verstecken. Sicher ist sicher. Die Füchsin meint: Sie weiß nicht, ob er uns am Ende nicht doch allesamt fressen würde.« Da versteckten sie sich: der Bär auf einem Baum, der Wolf hinterm Busch, das Wildschwein im Schlammloch und der Hase im Gesträuch.

Bald darauf kamen die Füchsin und der Herr Kater. Sie setzten sich an den gedeckten Tisch, und als dem Herrn Kater der köstliche Fleischduft in die Nase stieg, rief er: »Mau, mau, mau!« Die anderen in ihren Verstecken aber dachten, er meinte, das Essen sei mau: »Oje, wenn es ihm zu wenig ist oder nicht schmeckt, dann frisst er uns am Ende doch, wie die Füchsin gesagt hat.« Und da blieben sie lieber in ihren Verstecken.

Der Herr Kater aber schlug sich den Bauch voll. Und als er sich dick und rund gefressen hatte, legte er sich in die Sonne und wollte ein Schläfchen machen. In dem Augenblick aber geschah es, dass eine Mücke das Wildschwein in den Schwanz stach, und es zuckte mit dem Schwanz.

Der Herr Kater aber dachte, es wäre eine Maus, und die alte Jagdlust kam wieder in ihm hoch. Da sprang er hinzu und packte zu, und erwischte das Wildschwein am Schwanz. Das sprang vor Schreck und Schmerz heraus aus dem Schlammloch und lief davon. Der Herr Kater aber bekam einen solchen Schreck, dass er einen großen Satz machte und sich vor dem Wildschwein auf einen Baum rettete. Dort aber saß über ihm der Bär. Und als der Herr Kater ihm so dicht auf den Pelz rückte, kroch er rasch weiter den Baum hinauf, weiter und weiter, bis die Äste immer dünner und dünner wurden und ihn nicht mehr tragen konnten, sodass er – plumps! – hinunterfiel und geradewegs auf dem Wolf landete. Der rappelte sich ächzend unter dem Bären hervor und suchte das Weite. Und der Bär und der Hase rannten ihm hinterher.

Sie liefen und liefen; nach einer Weile trafen sie auch das Wildschwein wieder und liefen gemeinsam weiter. Und als sie sich in Sicherheit gebracht hatten, japsten sie nach Luft und sagten: »Dieser Herr Kater, mit dem ist nicht zu spaßen. Hüte sich, wer kann! Fast hätte er uns allesamt aufgefressen, der Teufelskerl!«

Die Schatulle

Es war einmal ein alter Mann, der hatte vier Söhne großgezogen. Und wie er nun müde und gebrechlich war, teilte er all sein Hab und Gut gerecht unter seinen Söhnen auf, denn er dachte: »So haben alle vier ihr Auskommen, und ich werde auf meine alten Tage ein geruhsames Leben bei meinen Kindern verbringen.«

Und so zog er zu seinem ältesten Sohn. Der behandelte seinen alten Vater anfangs anständig und ehrte ihn. »Es ist nur recht und billig, dass wir unserem Vater zu essen und zu trinken geben und dafür sorgen, dass er anständige Kleider hat und zu Festen saubere neue Hemden bekommt und am Sonntag auch ein Gläschen Schnaps«, sagte der älteste Sohn. Und so geschah es, und er war seinem alten Vater ein guter Sohn.

Doch das änderte sich mit der Zeit: Als der älteste Sohn seinen Vater eine Weile bei sich hatte, bereute er, dass er sich bereiterklärt hatte, ihn bei sich aufzunehmen. Jeden Bissen Brot, den der Vater in den Mund steckte, missgönnte er ihm. Und er wurde grob zu ihm, und manchmal schrie er ihn sogar an. Der alte Mann hatte keinen festen Platz mehr, und niemand schnitt ihm mehr sein Essen klein, damit er es beißen konnte. Er hatte keine Ruhe mehr im Haus, und so blieb ihm nichts anderes übrig. als fortzugehen und eine Bleibe bei seinem zweiten Sohn zu suchen, und er dachte: »Mag es mir dort nun besser oder schlechter gehen: Länger bei meinem Ältesten bleiben kann ich nicht.«

Doch bei seinem zweiten Sohn stellte der alte Mann bald fest, dass er nur Weizen gegen Stroh eingetauscht hatte. Aß er etwas, schauten Sohn und Schwiegertochter sauer drein und murmelten etwas zwischen den Zähnen. Täglich musste er sich das Gezeter der Schwiegertochter anhören: »Wir hatten vorher schon kaum genug, um über die Runden zu kommen, und gönnen uns selbst kaum einen Bissen Brot«, schimpfte sie, »und jetzt sollen wir uns auch noch um alte Männer kümmern und sie mit durchfüttern!« Und bald schon hielt es der alte Vater dort nicht mehr aus und zog weiter, zu seinem dritten Sohn.

Doch auch dort erging es ihm schlecht. Und auch beim vierten Sohn. Jeder der vier nahm den alten Vater nur kurz zu sich, nur um ihn bald schon wieder aus dem Haus zu ekeln, sodass er fast schon froh war, wenn er dort wieder wegkam. Und so wurde der arme Mann von einem Sohn zum anderen geschoben. Einer hatte eine bessere Entschuldigung als der andere, dass er den Vater nicht bei sich behalten könne. Dieser hatte viele kleine Kinder, und jener schob es auf seine zänkische Frau, und dieses Haus war zu klein, und jenes Haus war zu arm. Jeder sagte: »Vater, wir schaffen es ja gerade einmal, uns selbst zu erhalten.« Und der alte Vater weinte vor seinen Söhnen und wusste nicht, was er tun sollte.

Am Ende wollte ihn keiner der Söhne mehr aufnehmen, und doch musste er irgendwohin gebracht werden. Da berieten sich die Söhne, wie sie den Alten am besten loswerden könnten. Und weil sie wussten, dass er gutmütig war und sich nicht wehren würde, wurden sie sich schließlich einig: Sie wollten ihn zur Schule schicken. Und sie sagten sich: »Dort hat er eine Bank, auf der er den lieben langen Tag sitzen kann, und wir werden ihm abwechselnd das Essen bringen. Und lernen tut er auch noch etwas dabei, er ist ja auch nur kurz zur Schule gegangen als Kind.«

Dann erzählten sie es dem Vater, aber der alte Mann wollte nicht zur Schule gehen. Er flehte seine Kinder an, ihn nicht dorthin zu schicken, und bat unter Tränen: »Meine trüben Augen können kaum noch das Tageslicht sehen, wie soll ich da erkennen, was im Buch geschrieben steht? Und lesen habe ich auch nie richtig gelernt, was soll ich nun auf meine alten Tage mit Buchstaben anfangen?«

Aber all sein Reden und Flehen war zwecklos. Seine Söhne sagten, er müsse zur Schule gehen, und ihre Stimmen setzten sich gegen seine schwache alte Stimme durch. Also war es beschlossene Sache: Er musste zur Schule gehen. Und weil es in dem Dorf keine Schule gab, musste er ins nächste Dorf gehen.

Sein Schulweg aber führte ihn durch einen Wald. Und in diesem Wald begegnete ihm ein Edelmann, der kam in einer Kutsche des Weges. Der alte Mann trat an den Wegesrand, um die herrschaftliche Kutsche vorbeizulassen, nahm respektvoll seinen Hut ab, verneigte sich vor dem Edelmann und wartete, bis der Wagen vorbeigefahren war. Dann wollte er weitergehen, aber die Kutsche hielt an und der Edelmann winkte ihn zu sich heran.

Dann stieg der feine Herr aus seiner Kutsche und fragte den alten Mann, wohin er gehe. Der alte Mann erzählte dem Edelmann sein Elend, und die Tränen liefen ihm dabei über die Wangen: »Wehe mir, gnädiger Herr! Ich habe vier Söhne, Gott sei's gedankt, und alle vier haben ein eigenes Haus, und doch wollen sie mich nicht aufnehmen und schicken ihren armen alten Vater zum Lernen in die Schule! Hat man dergleichen je zuvor gehört?« Und er erzählte seine ganze Geschichte.

Der Edelmann hatte Mitleid mit ihm: »Nun, alter Mann«, sagte er, »es nützt dir nichts, in die Schule zu gehen, das ist klar. Sorge dich nicht und weine nicht mehr! Kehre zu deinen Söhnen zurück. Ich weiß einen Weg und werde dir sagen, was du tun musst, damit deine Kinder dich nie wieder zur Schule schicken. Gott wird dich segnen, und alles wird gut.« So tröstete der Edelmann den alten Mann, und da war ihm schon leichter ums Herz, und er seufzte.

Da holte der Edelmann seinen Geldbeutel hervor, es war ein echter Edelmannbeutel, mit einem kleinen Beutel in der Mitte für Kleingeld. Herr! Was das für eine schöne Sache war! Je länger der alte Mann ihn betrachtete, desto mehr staunte er darüber. Der Edelmann nahm den Geldbeutel und begann ihn mit etwas zu füllen, das der alte Mann nicht erkennen konnte. Als er den Geldbeutel gut gefüllt hatte, legte er ihn in eine schöne silberne Schatulle. Die reichte er dem alten Mann und sprach:

»Nimm dies und geh damit nach Hause zu deinem ältesten Sohn. Dort rufe deine vier Söhne zusammen und sprich zu ihnen: ›Meine lieben Kinder, vor langer, langer Zeit, als ich jünger war, habe ich mir unter Mühen ein bisschen Geld erarbeitet und zusammengespart. Aber ich sagte mir: ‚Ich werde es nicht ausgeben, denn man weiß nie, was auf einen zukommt. Ich hebe es für meine alten Tage auf.' Also ging ich in einen Wald und grub ein Loch unter einer Eiche, und dort versteckte ich eine Schatulle mit meinen Ersparnissen. Später geriet die Schatulle in Vergessenheit, denn ich hatte ja so gute Kinder, die sich in meinen alten Tagen um mich kümmerten. Dann aber schicktet ihr mich zur Schule, und mein Schulweg führte durch genau jenen Wald und ich kam an jene Eiche, und da entsann ich mich. Also grub ich dort und fand die Schatulle, und brachte sie zu euch nach Hause, meine Kinder. Solange ich lebe, will ich sie verwahren. Nach meinem Tod aber sollt ihr euch zusammensetzen und miteinander beraten, wer am besten für mich sorgte und mir auch ein sauberes Hemd nicht missgönnt hat oder ein Stück Brot. Und derjenige soll dann den Großteil meines Geldes bekommen. Nun also, meine lieben Kinder, nehmt mich wieder auf, und die Schatulle soll nach meinem Tode euer sein. Es wäre doch nicht recht, wenn ich bei fremden Leuten eine Heimat suchen müsste, auch wenn ich dank der Schatulle überall Herberge finden könnte!‹ So sprich also zu deinen Kindern, guter Mann, und du wirst sehen, dass du auf deine alten Tage doch noch deinen Frieden findest.«

Glücklich hielt der alte Mann die Schatulle in den Händen, verbeugte sich vor dem Edelmann und sagte: »Ich danke Euch tausendmal, edler Herr«, dann machte er sich auf den Weg zu seinem ältesten Sohn.

Als die Schwiegertochter ihn kommen sah, schaute sie erst grimmig drein, dann aber erblickte sie die schöne silberne Schatulle unter seinem Arm, und sie dachte, dass wohl etwas Kostbares darin sein müsse. Und da lief sie ihm freudig entgegen und hieß ihn willkommen: »Ohne dich ist das Haus ganz trostlos, Väterchen!«, rief sie. »Komm herein und ruh dich aus, Väterchen«, fuhr sie fort, »du hast einen langen Weg hinter dir und musst müde sein, Väterchen.«

Dann kamen alle Söhne zusammen, und der alte Mann erzählte ihnen alles so, wie der Edelmann es ihm geraten hatte. Dann sprach er: »Noch gebe ich euch die Schatulle nicht, ihr müsst euch noch ein wenig gedulden, denn wer weiß, was noch auf mich zukommt? Nach meinem Tode sollt ihr alles haben; dann nehmt es und teilt es, wie ich gesagt habe.«

Da hellten sich ihre Gesichter auf, als sie die Schatulle betrachteten, und ein jeder dachte für sich: »Da muss ein hübscher Batzen drin sein. Wenn ich den Alten in meinem Haus behalte, bekomme ich das Geld.«

Und fortan waren die vier Söhne und ihre Frauen wie ausgewechselt: Sie kümmerten sich um die Wette und überboten sich an Freundlichkeit. Jeden Wunsch lasen sie ihm von den Augen ab, Väterchen hier, Väterchen da, und konnten gar nicht genug für ihren lieben guten alten Vater machen und tun. Und er hörte auch nie wieder ein böses Wort. Nun hatte der alte Mann ein gutes Leben. Aber er befolgte stets den Rat des Edelmanns und ließ die Schatulle nie aus den Händen.

Eines Tages starb er, glücklich und zufrieden. Sie gaben ihm ein würdiges Begräbnis, damit alle Leute wüssten, wie sehr sie um den alten Vater trauerten und das Erbe wohlverdient hätten. Der älteste Sohn bat den Priester, vierzig Tage lang für das Seelenheil des Verstorbenen zu beten, und gab ihm eine Münze dafür. Da wollte der zweite Sohn nicht nachstehen und sagte: »Auch noch ein Gebet in meinem Auftrag, ehrwürdiger Vater!«, und steckte dem Priester ebenfalls eine Münze zu, und schließlich gaben ihm alle vier Söhne Geld für Seelenmessen.

Dann aber eilten sie, so schnell sie konnten, zu dem Schatz, den der Vater ihnen hinterlassen hatte. Sie schüttelten die Schatulle. Ein feines Klirren und Rasseln war darin zu hören. Jeder der vier befühlte und berührte die Schatulle. Darin war also nun der Schatz, den sie teilen sollten! Sie entsiegelten die Schatulle und öffneten sie. Dann nahmen sie den Geldbeutel heraus und schütteten ihn aus – und es war alles nichts als Glas!

Sie wollten ihren Augen nicht trauen. Sie durchwühlten das Glas, aber es war kein Geld da. »Wie kann das sein?!«, riefen die Brüder entsetzt. »Die schöne Schatulle! Der Schatz! Wo ist er hin? Der Vater hat die Schatulle doch selbst unter der Eiche vergraben! Wie kann unser Vater uns nichts als Glas hinterlassen haben?!« Und sie redeten sich die Köpfe heiß und beschuldigten sich gegenseitig, dass einer von ihnen den Schatz an sich genommen hätte. Es fehlte nicht viel, und sie hätten sich die Köpfe eingeschlagen, wenn nicht die Beerdigungsgäste noch im Haus gewesen wären.

Als sich die Gemüter abgekühlt hatten, sahen sie, dass ihr Vater sie zum Narren gehabt hatte. Und noch dazu bekamen sie den Spott der Leute zu hören: »Da seht ihr, was ihr gewonnen habt, als ihr euren Vater zur Schule schicktet: Er hat doch etwas in der Schule gelernt!«

Die drei Brüder und ihr Ziehvater

In alten Zeiten lebten einmal drei Brüder, die hatten keinen Vater und keine Mutter mehr und auch kein Dach über dem Kopf, und waren ganz allein auf der Welt. Und so machten sie sich auf und wanderten durch die weite Welt, um sich irgendwo Arbeit zu suchen.

Und wie sie so von Dorf zu Dorf zogen und nach Arbeit fragten, begegnete ihnen auf der Straße ein uralter Mann, dem hing der weiße Bart bis zum Gürtel hinab. »Wohin des Weges?«, fragte der uralte Mann. »Wir suchen eine ehrliche Arbeit.« »Ja, habt ihr denn kein Zuhause, Kinder?«, fragte der Uralte. »Nein. Ach, wenn wir nur einen Herrn fänden, der es gut mit uns meint. Wir würden fleißig bei ihm arbeiten und ihm gehorchen und ihn achten und ehren wie einen Vater.«

Da besann sich der Uralte und sprach: »So möget ihr denn meine Söhne sein und ich euch ein Vater. Ich will euch großziehen und wackere, redliche Burschen aus euch machen. Ihr sollt es gut bei mir haben. Aber ihr müsst mir versprechen, auf mich zu hören.« Wie freuten sich die drei Brüder da! Und sie versprachen es dem Alten.

Dann gingen sie gemeinsam weiter, durch dunkle Wälder und weite Felder. Eines Tages kamen sie an ein Häuschen. Klein war es, aber reinlich und schmuck, mit bunten Blumen ringsherum und einem blühenden Kirschgarten. Darin stand ein Mädchen, das war so hübsch wie eine Blume. Der älteste Bruder sah das schöne Mädchen und verliebte sich auf der Stelle in sie, und rief: »Ach, wenn ich dieses Mädchen zur Frau hätte, mein Glück wäre gemacht! Ein paar Kühe und Ochsen noch dazu, dann hätten wir unser Auskommen. Ach, was wär' die Welt dann schön!«

Da sprach der Alte: »Nun, so halte um ihre Hand an. Und Kühe und Ochsen stehen auch schon im Stall. Mögest du glücklich sein. Und bleibe redlich, mein Sohn, und vergiss auch die Armen nicht!« Das junge Mädchen sagte Ja, und so hielten sie Hochzeit, und der älteste Bruder blieb dort bei seiner jungen Frau in dem schmucken Häuschen und wurde ein Bauer.

Und der Alte ging mit den beiden jüngeren Brüdern weiter, durch dunkle Wälder und weite Felder. Eines Tages kamen sie an ein weißes Häuschen, das stand an einem Bach, und an dem Bach war eine Mühle. Vor dem Häuschen aber war ein hübsches Mädchen emsig am Arbeiten. Und als der zweite Bruder sie sah, rief er: »Ach, hätt' ich nur das schöne Mädchen zur Frau! Mein Glück wäre gemacht! Ich wollte in der Mühle schaffen und Mehl mahlen und wär' satt und zufrieden!«

Da sprach der Alte: »Nun, so halte um ihre Hand an. Mögest du glücklich sein. Und bleibe redlich, mein Sohn, und vergiss auch die Armen nicht!« Das junge Mädchen sagte Ja, und so hielten sie Hochzeit, und der zweite Bruder blieb dort bei seiner jungen Frau in dem weißen Häuschen und wurde ein Müller.

Und der Alte ging mit dem jüngsten Bruder weiter, durch dunkle Wälder und weite Felder. Eines Tages kamen sie an ein ärmliches Häuschen, ganz klein war es und schief. Da kam ein Mädchen aus der Tür, das war schön wie der Morgen, aber erbärmlich gekleidet: Ihr Kleid war ganz bunt von den vielen Flicken, und Schuhe hatte sie auch keine. Und als der jüngste Bruder sie sah, rief er: »Das schöne Mädchen soll meine Liebste werden! Wir werden arbeiten und unser Auskommen haben, und auch den Armen geben, was wir entbehren können.«

Da sprach der Alte: »Nun, so halte um ihre Hand an. Mögest du glücklich sein. Und bleibe redlich, mein Sohn, und vergiss auch die Armen nicht!« Das junge Mädchen sagte Ja, und so hielten sie Hochzeit, und der jüngste Bruder blieb dort bei seiner jungen Frau in dem ärmlichen Häuschen und wurde ein Tagelöhner.

Nun ging der Alte allein weiter, und die drei Brüder lebten jeder auf seine Weise. Der älteste Bruder hatte sich bald schon so viel zusammengespart, dass er ein schönes großes Haus bauen konnte. Doch das war ihm nicht genug. Er scheffelte immer mehr und mehr Dukaten und wurde reich und reicher. Seine Truhen barsten fast, so viel Hab und Gut hatte er angehäuft. Er baute noch mehr Häuser und noch mehr Kornkammern, und auch die waren voll bis oben hin. An die Armen aber dachte er nicht, denn der Geiz hatte von ihm Besitz ergriffen, und sein Herz war hart geworden.

Auch der zweite Bruder hatte es bald zu Reichtum gebracht. Er ließ die Knechte für sich arbeiten, lag auf der faulen Haut und erteilte Befehle. An die Armen aber dachte er nicht.

Der jüngste Bruder nun lebte ein stilles, zufriedenes Leben. Er war glücklich mit seiner Frau und mit der Kinderschar, die Gott ihm schenkte. Hatte er etwas, so teilte er es mit den Armen. Und hatte er nichts, so kam er doch irgendwie über die Runden. Sein Häuschen war immer noch windschief und für die Kinderschar viel zu klein, aber heraus klang Lachen und Musik.

Eines Tages beschloss ihr alter Ziehvater: »Ich will meine Söhne besuchen gehen und sehen, was aus ihnen geworden ist. Gebe Gott, dass sie redlich geblieben sind.« Da verkleidete er sich als Bettelmann und ging zu seinem ältesten Sohn. Er trat vor ihn, verneigte sich und sprach: »Herr, gebt mir armem Bettelmann einen Bissen Brot!« Der Sohn aber sprach: »Wenn du nur wolltest, könntest du arbeiten – statt hier herumzubetteln. So alt bist du gar nicht, wie du tust. Schau mich an: Ich hatte auch nichts, und du siehst ja, wozu ich es gebracht habe. Also pack dich!« Da ging der Alte mit leeren Händen fort. Er stieg auf einen nahen Hügel, schaute auf den Hof hinunter, und da ging alles in Flammen auf.

Dann suchte der Ziehvater den zweiten Bruder auf, wieder verkleidet als Bettelmann. Der Sohn saß gerade vor seiner Mühle, als der Alte sich vor ihm verneigte und sprach: »Herr, gebt mir armem Bettelmann einen Bissen Brot!« Der Sohn aber sprach: »Wenn ich jedem dahergelaufenen Bettler etwas gäbe, so hätte ich bald selbst nichts mehr. Also pack dich!« Da ging der Alte wieder mit leeren Händen fort. Er stieg auf einen nahen Hügel, schaute auf die Mühle hinunter, und da ging alles in Flammen auf.

Schließlich ging der Alte, verkleidet als Bettelmann, zu seinem jüngsten Sohn. Der arbeitete gerade im Gemüsegarten, der die

Familie nährte, als der Alte sich vor ihm verneigte und sprach: »Guter Mann, gib mir armem Bettelmann einen Bissen Brot!« »Geh nur hinein«, sagte der Sohn, »meine Frau wird dir etwas zu essen geben, lass es dir schmecken!« Der Alte klopfte an die Tür, und die Frau ließ ihn herein. Als sie seine zerschlissenen Lumpen sah, hatte sie Mitleid mit ihm, holte ein Hemd und eine Hose und gab sie ihm. »Nimm«, sagte sie, »du brauchst die Sachen mehr als wir.« Als der Alte sein zerrissenes Hemd abstreifte, erschrak die Frau, denn auf der Brust hatte er eine große Wunde. Aber sie wagte nicht, ihn darauf anzusprechen, und geleitete ihn zum Tisch. Sie deckte das Abendessen und rief Mann und Kinder an den Tisch.

Dort saßen sie dichtgedrängt und aßen, was der Garten hergab, und tranken Quellwasser. Als alle fertig waren und die Kinder vor dem Haus spielten, fragte die Frau: »Sag, guter Mann, woher hast du die schreckliche Wunde auf der Brust?« »Ach«, sagte der Alte, »an dieser Wunde werd' ich sehr bald sterben: morgen schon. Mir bleibt nur noch ein Tag zu leben.« »Wie schrecklich!«, rief die Frau. »Kann man denn gar nichts machen? Gibt es nicht irgendein Mittel dagegen?« »Nun«, sagte der Alte, »eines gäbe es schon, aber es wird sich niemand finden, der es mir geben will, obwohl es doch eigentlich jeder könnte.« »Ja, warum denn nicht?«, rief der Mann. »Was ist denn das für ein Mittel? Sag's uns doch!«

»Ach, das ist eine ganz bittere Arznei – nicht für mich, sondern für den, der sie mir bringt«, sagte der Alte, »denn derjenige müsste sein Haus anstecken und mit all seinem Hab und Gut verbrennen und mir die Asche auf die Wunde streuen. Dann würde sie sich wieder schließen und heilen, und ich wäre gerettet. Aber solch einen Menschen gibt es wohl nicht auf der ganzen weiten Welt.«

Darauf herrschte Schweigen am Tisch. Der Mann war erschrocken. Die Frau war erschrocken. Und beide sannen über das nach, was der Alte gerade gesagt hatte. Nach einer Weile fragte der Mann seine Frau: »Was meinst du, meine Liebe?« »Nun, wir könnten uns ein neues Haus bauen.« »Das sehe ich ganz genauso«, sagte der Mann, »dann lass uns hinausgehen.«

Wie sie da vor ihrem Haus standen, tat es ihm leid um ihr Heim, aber der arme Alte tat ihm noch mehr leid. Und so nahm er einen Strohwisch, zündete ihn an und warf ihn ans Haus, das rasch Feuer fing und lichterloh brannte.

Doch als der Rauch sich legte, wie staunten sie da: Dort, wo ihr windschiefes Häuschen gestanden hatte, war nun ein neues Haus. Weiße Mauern hatte es und war groß und schön.

Und der Alte sprach: »Mein Sohn, du bist der Einzige von euch dreien, der redlich geblieben ist. Mögest du glücklich sein.« Da erkannte der Sohn seinen Vater, und er ging auf ihn zu und wollte ihn freudig umarmen, doch da griffen seine Arme ins Leere, und der Alte war vor seinen Augen verschwunden.

Wahrheit und Lüge

Einst lebten zwei Brüder. Der eine war reich und der andere war arm. Eines Tages sprach der Arme zum Reichen: »So bitter das Leben oft auch ist: Wer die Wahrheit ehrt, lebt nicht verkehrt! Lügen haben kurze Beine.« »Ach, was redest du da!«, rief der Reiche unwirsch. »Wo findet denn einer noch Wahrheit auf der Welt? Mit Lügen kommst du weiter im Leben. Lug und Trug ist der Welt Acker und Pflug. Mit Lügen und Listen füllt man Sack und Kisten.«

Der Arme aber bestand darauf: »Nein, Bruder, ich sage dir: Die Wahrheit ist besser als die Lüge!« Da sprach der Reiche: »Und ich sage dir: Die Lüge ist besser als die Wahrheit. Wollen wir wetten? Wir fragen die erstbesten drei Landsleute, die uns begegnen. Wenn sie wie du denken, so sollst du all mein Hab und Gut bekommen. Wenn sie aber für mich sprechen, musst du all dein Hab und Gut mir geben.« »Also gut, die Wette gilt«, sagte der Arme. Und sie brachen auf.

Nach einer Weile kam ihnen ein Mann entgegen. »Guten Tag, guter Mann!« »Guten Tag.« »Wir möchten dich etwas fragen, guter Mann!« »Nur zu, was wollt ihr wissen?« »Was denkst du: Wie lebt es sich besser auf der Welt: mit Wahrheit oder Lüge?« Da sprach der Mann: »Na, dazu kann ich euch etwas sagen: Ich habe meinem Herrn stets treu gedient, und heute hat er mir meinen kargen Lohn in die Hand gedrückt. Wie ich so in meiner Kammer bin, denke ich mir: ›Na, zähl lieber mal nach!‹ Und was meint ihr? Es fehlten ein paar Groschen, die hat er mir einfach abgeknapst. Und dann hat er alles abgestritten. Da seht ihr: Ich bin mit der Wahrheit nicht weit gekommen, mein Herr mit der Lüge aber schon.« Die Brüder dankten für die Auskunft, und dann sagte der Reiche zum Armen: »Die erste Antwort spricht für mich. Woll'n sehen, was wir nun zu hören bekommen.« Und sie gingen weiter – der Arme traurig und der Reiche froh.

Nach einer Weile kam ihnen ein Kaufmann entgegen. »Guten Tag, der Herr!« »Guten Tag.« »Wir möchten Euch etwas fragen, werter Herr!« »Nur zu!« »Was denkt Ihr: Wie lebt es sich besser auf der Welt: mit Wahrheit oder Lüge?« Da sprach der Kaufmann: »Na, mit Ehrlichkeit kommt man nicht weit als Kaufmann, da gilt es, den anderen übers Ohr zu hauen. Wenn ich immer hübsch bei der Wahrheit bleiben wollte, wäre ich längst am Bettelstab!«, und damit zog er weiter. »Das läuft ja wie am Schnürchen«, sagte der Reiche, »auch die zweite Antwort spricht für mich!« Und sie gingen weiter – der Arme noch trauriger und der Reiche siegesgewiss.

Es dauerte nicht lange, da kam ihnen ein reicher Gutsherr entgegen. »Guten Tag, Euer Gnaden!« »Guten Tag.« »Wir möchten Euch etwas fragen, Euer Gnaden!« »Nur zu!« »Was denkt Ihr: Wie lebt es sich besser auf der Welt: mit Wahrheit oder Lüge?« Da sprach der reiche Gutsherr: »Ach ja, die Wahrheit – nun, um die Wahrheit zu sagen: Es gibt sie nicht! Der Mensch lügt von der Wiege bis zur Bahre. Schaut euch doch die Grabsteine an, was da geheuchelt und gelogen wird …«, und damit zog er weiter.

»Gewonnen!«, rief da der reiche Bruder. »Dreimal für mich gesprochen! Jetzt gehen wir zu dir nach Hause, und du musst mir all dein Hab und Gut geben!« Der Arme war entsetzt und dachte: »Was habe ich da nur angerichtet?! Wie konnte ich mich nur auf diese Wette einlassen?! Was wird die Frau dazu sagen?! Was wird aus den Kindern?! Wo sollen wir nun leben?!« Und mit zittrigen Knien ging er nach Hause. Dort trug der Bruder alle Habseligkeiten zur Tür hinaus und räumte die Hütte bis zum letzten Brotkrümchen leer. Fassungslos sahen Frau und Kinder zu. Dann sagte der reiche Bruder: »Nun, ich will nicht herzlos sein, ihr dürft noch ein Weilchen drin leben, aber über kurz oder lang müsst ihr euch eine neue Bleibe suchen.« Dann holte er einen Wagen und schaffte das Hab und Gut seines Bruders fort.

Da saß nun der arme Bruder mit Frau und Kindern auf dem Boden seiner Hütte, denn Stühle hatten sie ja keine mehr, und weinte. Eine Weile nährte sie der kleine Gemüsegarten, aber dann hatten sie alles, was er hergab, aufgegessen. Arbeit hatte er keine, denn es war ein schlechtes Erntejahr. Geld hatte er auch keines mehr, und so konnte er seinen Kindern keinen Bissen Brot kaufen, ja, es reichte noch nicht einmal für ein Maß Mehl, um selbst welches zu backen.

Da ging der Arme zu seinem Bruder und bat: »Gib mir ein Maß Mehl, denn wir haben rein gar nichts mehr im Hause, und unsere Kinder weinen vor Hunger!« Der Reiche aber lachte höhnisch und sprach: »Na, hast wohl keine ehrliche Arbeit gefunden, was? Willst du Mehl von mir, so gib mir dein rechtes Auge! Dann geb' ich dir dein Maß Mehl, vorher nicht!« Der Arme war entsetzt. Wie konnte der eigene Bruder so etwas fordern? Und er bat und bettelte, aber der Bruder blieb hart. Unter Tränen willigte der arme Bruder schließlich ein: »So nimm es dir, nur gib mir Mehl für meine Kinder!« Da nahm der Reiche seinem Bruder das rechte Auge und gab ihm ein Maß Mehl dafür.

Der Arme eilte damit nach Hause. »Himmel! Was ist mit deinem Auge geschehen?!«, rief die Frau, als er heimkam. »Der Bruder hat's genommen«, sagte der Arme, »das war sein Preis für das Mehl.« Da weinten sie zusammen, und die Frau buk unter Tränen Brot aus dem Mehl. Eine Woche reichte das Tränenbrot für die Familie, dann war alles aufgegessen, und die Kinder weinten wieder vor Hunger.

Da blieb dem Armen nichts anderes übrig: Er musste wieder zu seinem Bruder gehen. »Gib mir ein Maß Mehl, Bruder!«, bat er. »Denn das andere ist aufgezehrt, und unsere Kinder weinen vor Hunger!« Der Reiche aber sprach: »Willst du Mehl von mir, so gib mir dein linkes Auge! Dann geb' ich dir dein Maß Mehl, vorher nicht!« »Aber wie soll ich denn ohne Augen meine Familie ernähren?«, rief der arme Bruder verzweifelt. »Hab doch Erbarmen!« Aber der reiche Bruder hatte kein Erbarmen, er sagte: »Nein! Im Leben ist nichts umsonst. Erst das Auge, dann das Mehl!« Da blieb dem armen Bruder nichts anderes übrig, und er musste auch noch sein anderes Auge hergeben, wenn seine Kinder nicht vor Hunger sterben sollten, und er rief voller Verzweiflung: »So nimm es dir, nur gib mir Mehl für meine Kinder!« Da nahm der reiche

Bruder ihm auch noch das linke Auge. Dann drückte er seinem blinden Bruder ein Maß Mehl in die Hand.

Und der arme Bruder eilte nach Hause, so gut es eben ging, denn sehen konnte er ja nicht mehr. Er musste sich von Zaun zu Zaun tasten, fast wäre er gestolpert und hätte das Maß Mehl verschüttet, und kam endlich mit Müh und Not zu Hause an.

Als die Frau ihren blinden Mann sah, war sie stumm vor Entsetzen. Nach einer Weile fasste sie sich und sagte leise: »Ach lieber Mann, du gute Seele! Wie willst du denn nun ohne Augen leben? Wir wären doch irgendwie schon noch an Brot gekommen. Aber deine Augen, die sind für immer verloren …« Und sie weinte so bitterlich, dass sie kein einziges Wort mehr über die Lippen brachte. Ihr Mann aber tastete sich zu ihr, nahm sie in den Arm und sagte: »Weine nicht! Es gibt doch viele blinde Menschen auf der Welt, die schaffen es ja auch, ohne Augenlicht zu leben! Es wird schon irgendwie gehen. Und nun musst du dich aufraffen, liebe Frau, und Brot backen, für die Kinder.« Das Brot, das sie buk, reichte für eine Woche, dann war es wieder alle, und sie wussten nicht, wie sie ihre hungrigen Kinder sattkriegen sollten.

»Zum Bruder gehe ich nicht mehr«, sagte der Blinde zu seiner Frau, »aber wenn du mich ins Dorf zu der großen Pappel am Kreuzweg führst, so will ich dort am Wegesrand sitzen und um Brot für die Kinder betteln. Irgendwer wird schon vorbeikommen und mir ein Stückchen Brot geben. Abends holst du mich heim, und ich werde dann hoffentlich nicht mit leeren Händen nach Hause kommen.«

Also führte ihn die Frau am andern Tag ins Dorf zu der großen Pappel, dann ging sie wieder heim, um in Haus und Garten zu arbeiten und die Kinder zu versorgen. Da saß nun der arme Mann und wartete, dass ein mitleidiges Herz ihm etwas schenken würde. Doch alles, was er bekam, war ein winziges Stückchen Brot, das nicht einmal reichte, um eines seiner Kinder sattzumachen.

Er fühlte die kühle Abendluft auf der Haut, aber seine Frau war immer noch nicht gekommen, um ihn nach Hause zu holen. Da rappelte er sich hoch und dachte: »Sie wird sich wohl wegen der vielen Arbeit verspätet haben, ich will ihr ein Stück entgegengehen. Ich werde den Weg schon ohne sie finden.« Und er tappte los und ging immer weiter und kam vom Weg ab und merkte es nicht. Als er die Bäume des Waldes über sich rauschen hörte, wusste er, dass er sich verirrt hatte. »Oje«, dachte er, »wenn ich so weit vom Weg abgekommen bin, wird meine Frau mich hier gewiss nicht vermuten. Ich werde wohl die Nacht im Wald verbringen müssen.« Und weil er fürchtete, dass ihn die wilden Tiere fressen würden, kletterte er unter großen Mühen auf eine mächtige Eiche. Dort oben setzte er sich in eine große Astgabel und schlief ein.

Mitten in der Nacht aber wurde er wach, weil er Stimmen hörte: »Nun berichtet: Was habt ihr euch jüngst an Bosheiten einfallen lassen? Wen habt ihr alles gepeinigt?«, krächzte eine hässliche Stimme, die dem armen Mann die Haare zu Berge stehen ließ. Dort unten am Fuß des Baumes hockten drei kleine Teufel, und in der Mitte saß der Oberteufel, der sich ihre Missetaten berichten ließ. Nun antwortete einer der drei: »Ich habe gemacht, dass einer seinem eigenen Bruder die Augen genommen hat, für zwei Maß Mehl, jetzt muss er auf ewig blind durch die Welt irren.« Da sprach der Oberteufel: »Gut gemacht! Aber es ist nicht ganz so, wie du sagst!« »Wieso?« »Nun«, sagte der Oberteufel, »der Blinde müsste seine leeren Augen nur mit dem Tau benetzen, der hier unter diesem Baum liegt, und er hätte seine Augen zurück und könnte wieder sehen!« »Aber das weiß er ja nicht, das weiß er ja nicht!«, freute sich der Teufel.

»Und wie ist es mit dir? Was hast du Hübsches angestellt?«, fragte der Oberteufel und wandte sich zum nächsten. »Ich habe in einem Dorf den Brunnen ausgetrocknet. Nicht einen Tropfen Wasser haben sie da jetzt mehr und dürfen einen Tagesmarsch weit laufen, um zum nächsten Brunnen zu kommen, da werden bestimmt viele verdursten.« »Gut gemacht! Aber es ist nicht ganz so, wie du sagst!« »Wieso?« »Nun«, sagte der Oberteufel, »dort beim Dorf ist ein großer Stein, und wenn den einer wegrückt, dann strömt darunter Wasser aus einer Quelle hervor, und das

Dorf hat mehr Wasser als zuvor.« »Aber das weiß ja keiner, das weiß ja keiner!«, freute sich der Teufel.

»Und du? Was hast du ausgeheckt?«, fragte der Oberteufel den dritten. »Ich habe die Zarentochter erblinden lassen und dafür gesorgt, dass kein Doktor der Welt sie heilen kann.« Da sprach der Oberteufel: »Gut gemacht! Aber es ist nicht ganz so, wie du sagst!« »Wieso?« »Nun«, sagte der Oberteufel, »sie müsste nur ihre Augen mit dem Tau benetzen, der hier unterm Baum liegt, und schon könnte sie wieder sehen!« »Aber das weiß sie ja nicht, das weiß sie ja nicht!«, freute sich der Teufel. Dann sprach der Oberteufel: »Und nun, marsch, marsch, wieder ans Werk!«, und die Teufel stoben auseinander.

Oben auf dem Baum aber hatte der arme Mann alles mit angehört. Und als die Teufel fort waren, kletterte er vorsichtig vom Baum herunter, strich mit den Händen über das feuchte Moos und benetzte seine leeren Augen mit dem Tau. Und da hatte er seine Augen zurück und konnte wieder sehen.

Und in seiner Freude beschloss er: »Gott hat mir geholfen, dass ich mein Augenlicht wiederbekomme, nun will ich den anderen helfen. Ich will dafür sorgen, dass das Dorf wieder Wasser hat und die Zarentochter wieder sehen kann.« Und er nahm etwas von dem Tau und verwahrte ihn in seiner Flasche, dann machte er sich auf den Weg.

Schließlich kam er an das Dorf, wo der Brunnen ausgetrocknet war. Da begegnete er einer alten Frau, die schleppte einen Wassereimer und kam gerade vom beschwerlichen Gang zum nächsten Brunnen zurück. Er grüßte freundlich und bat: »Gute Frau, gebt mir einen Schluck zu trinken!« »Einen Schluck sollst du haben, mein Sohn«, sagte die Frau, »mehr aber kann ich dir nicht geben, denn weil unser Brunnen trocken ist, musste ich das Wasser den ganzen Tag lang herbeischleppen, über Stock und Stein, dass die Hälfte unterwegs übergeschwappt ist, und ich habe doch viele Kinder zuhause und muss ihren Durst stillen.« Dann gab sie ihm einen Schluck, und der Mann sprach: »Nun, ich bin gekommen, euch zu helfen!« Die alte Frau guckte ihn fragend an. »Führe mich zu dem großen Stein, der bei eurem Dorf liegt.« Die Frau wunderte sich, aber sie führte ihn zu dem Stein.

Der Mann schlang einen Gurt darum und zog aus Leibeskräften, aber allein konnte er ihn nicht fortrücken. Doch da kamen Burschen aus dem Dorf gelaufen, packten mit an, und gemeinsam zogen sie den Stein beiseite. Und in dem Augenblick sprudelte Wasser aus der Erde, herrliches frisches Quellwasser, und ein großer Jubel ging durch das ganze Dorf, das nun vor dem Verdursten bewahrt war. Und jeder schenkte dem armen Mann etwas zum Dank, und sie gaben ihm auch ein Pferd, sodass er mit vielerlei guten Dingen weiterritt.

Bald darauf kam er an den Zarenhof. Dort sprach er zu einem Diener: »Ich bin gekommen, die Tochter des Zaren zu heilen.« »Wo denkst du hin?«, sagte der Diener. »Der Zar hat die kundigsten Doktoren kommen lassen, und keiner konnte ihr helfen. Wie willst du sie da heilen können?!« »Ich kann sie heilen, und ich werde sie heilen, lass mich vor!«, sagte der Mann entschlossen. Und weil er sich nun gar nicht davonschicken ließ, ging der Diener zum Zaren und meldete ihn. Und der Zar ließ ihn zu sich kommen. »Du behauptest also, dass du mein Töchterchen, mein Täubchen, retten kannst?«, sprach der Zar. »Jawohl«, sagte der Mann, »das kann ich.« »Nun, warum sollen wir nicht auch das noch versuchen«, seufzte der Zar, »und wenn es dir wahrhaftig gelingen sollte, so sollst du haben, was immer du dir wünschst!« Dann führte der Zar ihn ins Schlafgemach seiner Tochter. Der Mann nahm seine Flasche und tropfte vorsichtig den Tau auf die Augen der Zarentochter. Und da konnte sie wieder sehen! Wie der Zar und die Zarentochter sich da freuten! Als der Zar sich wieder gefasst hatte, fragte er: »Was wünschst du dir nun also zum Dank?« Der Mann aber sagte: »Ach, ich selbst war ja auch blind und bin so dankbar, dass ich wieder sehen kann. Ich brauche nichts.« Da lud der Zar einen Wagen voll mit allen erdenklichen Kostbarkeiten und schenkte sie ihm zum Dank. Und der Mann machte sich nun endlich wieder auf den Heimweg.

Daheim weinte seine Frau derweil bittere Tränen um ihren Mann, denn sie glaubte ihn schon verloren und dachte, er hätte sich verirrt und wäre irgendwo umgekommen. Und dann hörte sie eines Abends auf einmal seine Stimme: »Mach auf, liebe Frau!« Rasch lief sie zur Tür, nahm ihn bei der Hand und führte ihn vorsichtig hinein, denn sie dachte ja, dass er noch immer blind sei. »Mach Licht!«, sagte der Mann. Sie zündete ein Licht an, sah ihn an und rief: »Du kannst wieder sehen! Wie ist das möglich? Erzähl!« »Gleich, liebe Frau, aber erst musst du mir helfen, unsere Kostbarkeiten hereinzutragen!« »Kostbarkeiten?«, wunderte sich die Frau, und wunderte sich noch viel mehr, als sie mit ihm hinausging und sah, was er alles mitgebracht hatte. Was der reiche Bruder sein Eigen nannte, war nichts dagegen. Und als sie alles hereingetragen hatten, feierten sie mit ihren Kindern das Wiedersehen. Nun hatten sie ein gutes Leben.

Als der reiche Bruder davon erfuhr, kam er angelaufen und sagte: »Erzähl, Bruder, wie kommt es, dass du wieder sehen kannst und zu solch großem Reichtum gekommen bist?!« Und er erzählte ihm alles, was geschehen war.

Da wurde der reiche Bruder neidisch. Was er hatte, reichte ihm nicht, er wollte mehr, er wollte auch solche Reichtümer haben wie sein Bruder. Und als die Nacht hereinbrach, machte er sich auf in den großen Wald und suchte jene mächtige Eiche, die sein Bruder ihm beschrieben hatte. Er fand sie, kletterte hinauf und setzte sich oben auf einen Ast.

Als von ferne die Kirchturmuhr Mitternacht schlug, kamen die Teufel herbei. Und der Oberteufel zeterte: »Hat einer von euch Halunken geplappert?« »Nein, nein, wo denkst du hin!«, riefen die anderen. »Wie kann es dann sein, dass der Blinde nun mit einem Mal wieder fröhlich herumspringt und sehen kann? Und wie kann es sein, dass der Stein beim Dorf beiseitegeschoben ist und das Wasser nun munter sprudelt und keiner mehr am Verdursten ist? Und wie kann es sein, dass die Zarentochter wieder gesund ist? Wie kann das alles sein, he? Wo doch keiner davon wissen konnte!« Die Teufel zitterten vor Angst und zuckten ratlos mit den Schultern.

»Oh, oh, ich ahne was!«, rief der Oberteufel. »Es muss uns jemand belauscht haben! Kommt, wir suchen ihn!« Und die Teufel schnüffelten überall herum und krochen unter alle Wurzeln und kletterten schließlich auf den Baum. Und da fanden sie den reichen Bruder. Da packten sie ihn und warfen ihn herunter, und da hatte sein Leben ein Ende.

Zwei Brüder

Zwei Brüder lebten einträglich beieinander. Ihre Häuser lagen nicht weit voneinander entfernt. Der jüngere Bruder hatte eine Frau und vier Kinder. Dem älteren Bruder und seiner Frau aber waren keine Kinder geschenkt worden. Gemeinsam mit dem alten Vater bewirtschafteten sie die Felder. Eines Tages starb der Vater. Die beiden Brüder aber wollten sein Erbe nicht aufteilen, und sie beschlossen, die Felder auch weiterhin gemeinsam zu bestellen. Also arbeiteten sie zusammen wie bisher, und die Ernte teilten sie gerecht untereinander auf.

Nach einer Zeit säten sie gemeinsam Weizen, und er wuchs und reifte. Gemeinsam mähten, schleppten und droschen sie den Weizen. Dann teilten sie die Ernte gerecht miteinander. Zwei große Haufen kamen zusammen, beide gleich groß und so gerecht geteilt, dass wohl kein Körnchen gefehlt hätte, wenn sie nachgezählt hätten. Jeder füllte seinen Anteil in seinen Kornspeicher, und am Abend legten sie sich nach getaner Arbeit nieder.

Doch der ältere Bruder konnte und konnte nicht einschlafen. Er dachte immerfort: »Was, wenn wir den Weizen doch nicht ganz gerecht geteilt haben? Mein Bruder hat so viele Kinder, die muss er alle satt kriegen und durch den Winter bringen. Er braucht mehr Brot als ich, und mehr Weizen. Also muss ich ihm etwas von meinem Anteil abgeben, damit es auch wirklich gerecht ist. Aber wenn ich es ihm anbiete, wird er es ausschlagen. Ich muss es heimlich tun.« Und so stand der ältere Bruder mitten in der Nacht auf, ging in seine Kornkammer, nahm einen Sack Weizen und schleppte ihn zum Hof seines Bruders. Dort schlich er sich leise in dessen Kornkammer und stellte den Weizensack hinein. Dann ging er erleichtert und zufrieden heim und fand endlich Schlaf.

Auch der jüngere Bruder wälzte sich im Bett und konnte nicht schlafen. Er grübelte: »Haben wir den Weizen auch wirklich gerecht aufgeteilt? Der Bruder ist doch schon älter, da fällt ihm die Arbeit schwerer als mir, und er hat keine Kinder, die ihm zur Hand gehen können. Er braucht doch viel mehr Brot als ich, um bei Kräften zu bleiben, und mehr Weizen. Aber wenn ich ihm etwas von meinem Anteil anbiete, will er das gewiss nicht annehmen. Ich muss es heimlich tun.« Froh sprang er aus dem Bett, lud sich einen Sack Weizen auf die Schulter und schlich zur Kornkammer des Bruders. Dort stellte er den Sack Weizen hinein und ging frohen Mutes nach Hause. Nun konnte er gut schlafen.

Am andern Morgen gingen beide Brüder in ihre Kornkammer und wunderten sich, denn es waren noch genauso viele Weizensäcke darin wie vordem. Und beide Brüder gingen heimlich zur Kornkammer des anderen, um nachzusehen, ob dort noch der geschenkte Weizensack stehe. Und sie wunderten sich wieder, denn auch der Bruder hatte noch genauso viele Weizensäcke in seiner Kornkammer wie vordem. Und beide dachten bei sich: »Sonderbar, ich muss wohl alles nur geträumt haben.« In der folgenden Nacht aber beschlossen beide, den Traum wahr werden zu lassen, und trugen jeweils einen Sack Weizen in die Kornkammer des Bruders. Und wunderten sich am andern Morgen wieder. Und so geschah es auch in der nächsten Nacht und in der übernächsten. Doch als sie da so gebückt von der Last durch die Nacht schlichen, stießen sie plötzlich zusammen. Und sie sahen sich an und lachten. Dann umarmten sie sich und gingen zurück nach Hause. Dort krochen sie in ihre Betten und schliefen so gut wie nie zuvor.

Und bis an ihr Lebensende lebten die beiden Brüder einträglich miteinander, teilten Sorge und Leid und halfen einander, und die Ernte teilten sie gerecht und brüderlich.

Die Macht des Schicksals

Der arme Bauer und der Wind

Es waren einmal zwei Brüder, die lebten in einem Dorf. Der eine hatte Reichtümer aller Art, der andere war bitterarm, und alles, was er hatte, war ein Haufen Kinder.

Eines Tages, zur Erntezeit, ging der arme Mann aus dem Haus, um sein kleines Weizenfeld zu ernten und zu dreschen. Da kam der Wind und fegte all seinen Weizen fort, bis zum allerletzten Korn. Der arme Mann war darüber sehr zornig und sagte: »Komme, was wolle, ich werde den Wind suchen, und ich werde ihm sagen, mit welcher Mühe und Plage ich mein Korn zum Wachsen und Reifen gebracht habe! Und dann kommt er und bläst alles fort!«

Da ging der Mann nach Hause, und wie er sich für die Reise fertig machte, fragte seine Frau: »Wohin fort, Mann?« »Ich gehe den Wind suchen«, sagte er. »Was sagst du dazu?« »Na, ich sage: ›Tu das nicht‹«, erwiderte seine Frau, »du kennst doch das Sprichwort: ›Wenn du den Wind finden willst, suche ihn in der offenen Steppe. Wo du einen Weg gehst, kann er zehn verschiedene Wege gehen.‹ Denk daran, lieber Mann, und gehe nicht, auf keinen Fall.« »Ich will gehen«, erwiderte der Mann, »auch wenn ich nie wieder nach Hause zurückkehre.« Dann verabschiedete er sich von seiner Frau und seinen Kindern und zog hinaus in die weite Welt, um den Wind in der offenen Steppe zu suchen.

Er ging und ging, bis er vor sich einen Wald sah, und an den Rändern dieses Waldes stand eine Hütte auf Hühnerbeinen. Der Mann trat in die Hütte hinein. Auf dem Boden lag ein riesiger, riesiger alter Mann, so weiß wie Milch – lag da der Länge nach ausgestreckt, den Kopf auf dem Ehrenplatz, mit den Armen und Beinen in alle vier Ecken gestreckt, und all sein Haar stand ihm zu Berge. Entsetzt starrte der Mann den schrecklichen Alten an, denn noch nie in seinem Leben hatte er dergleichen gesehen.

»Gott sei mit dir, alter Vater!«, rief er. »Und dir Gesundheit, guter Mann!«, sagte der alte Riese, dann fragte er ihn ganz freundlich: »Woher führt Gott dich zu mir, guter Mann?« »Ich durchwandere die weite Welt auf der Suche nach dem Wind«, sagte der Mann. »Erst wenn ich ihn gefunden habe, werde ich heimkehren; und wenn ich ihn nicht finde, werde ich weitersuchen, bis ich ihn finde.« »Was willst du beim Wind?«, fragte der alte Riese. »Oder was hat er dir angetan, dass du ihn so hartnäckig suchst?«

»Was er mir angetan hat?«, erwiderte der Wanderer. »Höre, Alter, ich will es dir sagen! Ich ging aufs Feld und erntete mein kleines Kornfeld; aber als ich anfing zu dreschen, kam der Wind und zerstob und verwehte alles im Handumdrehen, sodass nicht ein einziges Weizenkorn übrigblieb. Nun siehst du also, alter Mann, was ich ihm zu verdanken habe. Sage mir, in Gottes Namen, wie kann das sein? Warum hat er das getan? Mein kleines Kornfeld war alles, was ich habe, und im Schweiße meines Angesichts habe ich es geerntet und gedroschen. Und da sagte ich also zu meiner Frau: ›Ich werde den Wind suchen und zu ihm sagen: ›Ein andermal besuche nicht den armen Mann, der nur ein wenig Weizen hat, und blase ihm nicht alles weg, denn es tut ihm bitter weh!‹«

»Gut, mein Sohn!«, sagte der alte Riese. »Ich werde es in Zukunft besser wissen und das Korn des armen Mannes nicht mehr wegblasen. Aber, guter Mann, du brauchst den Wind nicht in der offenen Steppe zu suchen. Denn ich selbst bin der Wind.« »Dann, wenn du der Wind bist«, sagte der Mann, »gib mir meinen Weizen zurück.«

»Nein«, sagte der Wind, »du kannst die Toten nicht aus dem Grab zurückholen. Doch da ich dir ein Unrecht angetan habe, will ich dir nun diesen Sack hier geben, guter Mann. Nimm ihn mit nach Hause. Und wann immer du eine Mahlzeit willst, sage: ›Sack, Sack, gib mir Speis und Trank!‹, und sofort wirst du Essen und Trinken in Hülle und Fülle haben, und so wirst du fortan alles Nötige haben für dein Wohlergehen und das deiner Frau und Kinder.«

Da war der Mann voller Dankbarkeit: »Ich danke dir, oh Wind, für deine Großherzigkeit, mir einen solchen Sack zu geben, der mich mit Speis und Trank satt macht, und das noch ohne die Mühe, dafür arbeiten zu müssen.«

»›Speis und Trank und sich nicht regen – für einen faulen Lümmel ist's doppelter Segen‹«, sagte der Wind. »Dann geh also nach Hause, aber sieh zu, dass du keinen Fuß ins Wirtshaus setzt! Ich werde es wissen, wenn du es tust!« »Nein«, sagte der Mann, »das werde ich schon nicht.« Und dann verabschiedete er sich vom Wind und ging seines Weges.

Er war noch nicht weit gegangen, da kam er an ein Wirtshaus. Ach, und da bekam er mit einem Mal so schrecklich großen Durst. Und er hatte das brennende Verlangen herauszufinden, ob der Wind die Wahrheit gesagt hatte, was den Sack anging. »Wie kann man an ein Wirtshaus kommen, ohne hineinzugehen?«, dachte er sich. »Ich gehe hinein, komme, was wolle. Der Wind wird's schon nicht zu wissen bekommen, er kann's ja nicht sehen.«

Also ging er ins Wirtshaus und hängte seinen Sack an einen Haken. Der Wirt fragte: »Was willst du, guter Mann?« »Ich will nichts und kaufe nichts«, sagte der Mann unwirsch, dann wandte er sich dem Sack zu und rief: »Sack, Sack, gib mir Speis und Trank!« Sofort war der Tisch mit allerlei Fleisch und Schnaps gedeckt. Da kamen alle Leute im Wirtshaus herbei und umdrängten ihn und staunten. »Wie ist das möglich, guter Mann?«, rief einer, und ein anderer: »So etwas haben wir noch nie gesehen!« »Stellt keine Fragen!«, rief der Mann. »Kommt und setzt euch zum Essen, es ist genug für alle da.«

Da setzten sich die Leute zu ihm und aßen, bis es ihnen aus den Ohren wieder herauskam, und sie tranken auf seine Gesundheit. Und der Wirt sagte: »Trink, guter Mann, nur zu, und wenn du dich vollgetrunken hast, sollst du diese Nacht bei uns übernachten. Wir machen dir ein Bett bereit. Niemand soll dich stören. Komm, iss und trink, was dein Herz begehrt.« So schmeichelten ihm die Wirtsleute und zwangen ihm fast die Weinkrüge an die Lippen. Der Mann aber bemerkte die List nicht, die sich hinter den Worten verbarg, und betrank sich derart, dass er bald schon auf die Wirtshausbank sank und einschlief.

Da tauschten die Wirtsleute den Zauber-Sack gegen einen ganz gewöhnlichen aus. Am andern Morgen weckten sie den Mann in aller Herrgottsfrühe, er schulterte den falschen Sack, der nun am Haken hing, und machte sich auf den Heimweg.

Als er zuhause ankam, hängte er den Sack an den Haken und sagte: »Setz dich an den Tisch, liebe Frau, und ihr, Kinder, setzt euch auch. Nun werden wir, Gott sei Dank, genug zu essen und zu trinken haben, und es wird sogar noch etwas übrig sein.« Die Frau sah ihren Mann an und lächelte. Sie dachte, er sei verrückt geworden oder wieder mal betrunken, aber sie setzte sich, und ihre Kinder setzten sich um sie herum, und sie warteten, was er als Nächstes tun würde.

Da sagte der Mann: »Sack, Sack, gib uns Speis und Trank!« Aber der Sack schwieg. Dann sagte er: »Sack, Sack, gib meinen Kindern Speis und Trank!« Aber der Sack schwieg immer noch. Da geriet der Mann in heftige Wut: »Im Wirtshaus hast du mir was gegeben«, rief er, »und jetzt auf einmal lässt du mich hier vergebens rufen und stellst dich taub und gibst nichts, na warte, du!« – und er sprang von seinem Sitz auf, nahm einen Knüppel und fing an, auf den Sack einzuschlagen, bis er ein Loch in die Wand geschlagen hatte und der Sack in Fetzen hing. Dann machte er sich auf den Weg, um den Wind erneut zu suchen. Seine Frau aber musste alles wieder in Ordnung bringen und schimpfte ihren Mann einen Wahnsinnigen.

Der Mann ging also wieder zum Wind. Er wanderte lange, er wanderte weit, und als er endlich dort ankam, hielt er seinen Zorn zurück und sagte: »Grüß Gott, Wind!« »Und dir Gesundheit, guter Mann!«, antwortete der Wind und fragte: »Warum bist du hergekommen, oh Mensch? Habe ich dir nicht einen Sack gegeben? Was willst du mehr?« »Einen hübschen Sack hast du mir da gegeben!«, erwiderte der Mann. »Dein Sack hat mir viel Unheil gebracht.« »Was hat er dir getan?« »Nun, Väterchen, ich will dir sagen, was er getan hat, oder vielmehr, was er nicht getan hat: Er hat mir nichts zu essen und zu trinken gegeben, und da hab' ich ihn geschlagen und hab die Wand gleich mit eingeschlagen. Na, und wie soll ich jetzt wieder meine Hütte in Ordnung bringen? Gib mir etwas, Väterchen!«

Aber der Wind antwortete: »Nein, Mann, das werde ich nicht tun. Dummköpfe werden weder gesät noch geerntet, sondern wachsen von selbst – du warst doch nicht etwa im Wirtshaus?« »War ich nicht«, sagte der Mann. »Warst du nicht? Warum willst du lügen?« »Nun, angenommen, ich habe gelogen«, sagte der Mann, »dann ist aber trotzdem allein dein Sack schuld daran, dass dieses Übel über mich gekommen ist. Wenn er mir nur zu essen und zu trinken gegeben hätte, dann hätte ich ihn ja auch nicht schlagen müssen, und dann wäre meine Hütte noch heil und ich wäre auch nicht wieder zu dir gekommen.«

»So, so«, sagte der Wind und kratzte sich am Kopf, dann aber sagte er: »Nun denn, du Mensch, hier ist ein kleiner Widder für dich, und wann immer du Geld willst, sprich zu ihm: ›Kleiner Widder, kleiner Widder, spuck Geld!‹ Und er wird Geld spucken, soviel du willst. Aber denk dran: Geh nicht ins Wirtshaus, denn wenn du's doch tust, werde ich es zu wissen bekommen; und kommst du ein drittes Mal zu mir, wirst du Grund haben, dich dein Lebtag daran zu erinnern.« »Gut«, sagte der Mann, »ich werd's schon nicht tun.« Dann nahm er den kleinen Widder, dankte dem Wind und machte sich mit dem Widder auf den Weg nach Hause.

Da kam er wieder an jenes Wirtshaus, und wieder überkam ihn ein starkes Verlangen, hineinzugehen. Er blieb an der Tür stehen und begann zu überlegen, ob er hineingehen sollte oder nicht, und ob er nicht doch die Wahrheit über den kleinen Widder herausfinden musste. »Nun gut«, sagte er schließlich, »ich geh' rein, aber diesmal werde ich nicht so viel trinken, nur ein Gläschen oder zwei, dann gehe ich nach Hause.« Also ging er ins Wirtshaus und zog den kleinen Widder hinter sich her. Als nun die Wirtsleute den Widder sahen, schrien sie: »He, was denkst du dir dabei, dass du den Widder mit hereinbringst? Gibt es draußen keine Scheunen, wo du ihn unterstellen kannst?«

»Ach, haltet den Mund, wenn ihr keine Ahnung habt!«, entgegnete der Mann. »Das ist ja kein gewöhnlicher Widder. Und wenn ihr mir nicht glauben wollt, dann breitet ein Tuch auf dem Boden aus, und ihr werdet etwas zu sehen bekommen, das verspreche ich euch.« Dann sagte er: »Kleiner Widder, kleiner Widder, spuck Geld!«, und der kleine Widder spuckte so viel Geld, dass die Wirtsleute aufschrien. »Oh Mann!«, riefen sie. »Einen solchen Widder haben wir in all unseren Tagen noch nicht gesehen. Verkaufe ihn uns! Wir werden dir viel Geld dafür geben.« »Ihr dürft das ganze Geld, das der Widder gespuckt hat, haben«, sagte der Mann, »aber ich habe nicht vor, meinen Widder zu verkaufen.« Da nahmen die Wirtsleute das Geld. Dann deckten sie ihm einen Tisch mit allen erdenklichen Köstlichkeiten, Met war auch dabei, und baten ihn, sich zu setzen und beherzt zuzugreifen. Und um ihn für sich zu gewinnen, sagten sie listig: »Pass auf, dass du dich nicht betrinkst, denn du weißt, wie das Trinken den Verstand eines Mannes zum Narren hält.« Der Mann freute sich über die Fürsorge der Wirtsleute. Er setzte sich an den Tisch, vergaß seine guten Vorsätze und begann, einen Krug Met nach dem anderen zu leeren. Dabei schwatzte er mit den Wirtsleuten, und sein kleiner Widder ging ihm ganz aus dem Kopf. Die Wirtsleute aber schenkten wieder und wieder nach und machten ihn betrunken. Dann legten sie ihn ins Bett, holten rasch einen anderen Widder herbei und vertauschten ihn mit dem Zauber-Widder.

Als der Mann seinen Rausch ausgeschlafen hatte, machte er sich mit dem vermeintlichen Zauber-Widder auf den Heimweg. Als seine Frau ihn kommen sah, rief sie ihren Kindern zu: »Kommt, Kinder, schnell, schnell! Der Vater kommt zurück und bringt einen kleinen Widder mit. Ach, es war ein böses Jahr des Wartens, wo wir Unglücklichen auf uns allein gestellt waren! Aber nun liegt es hinter uns, und er ist endlich nach Hause gekommen.« Der Mann kam an die Tür und rief: »Öffne die Tür, Weib! Öffne, sage ich!« Die Frau ärgerte sich über seine harschen Worte und erwiderte: »Du bist doch kein Edelmann, also öffne gefälligst selbst die Tür. Warum betrinkst du dich so, dass du nicht mehr weißt, wie man eine Tür öffnet? Gehst einfach weg und reist in der Weltgeschichte herum! Lässt mich hier allein zurück mit all den kleinen Kindern! Und dann kommst du wieder und brüllst betrunken herum!«

Doch als sie genug geschimpft hatte, öffnete die Frau die Tür, und der Mann ging in die Hütte und sagte: »Gute Gesundheit, liebe Frau!« Aber die Frau antwortete: »Warum bringst du den Widder in die Hütte, kann er nicht draußen bleiben?« »Wenn du wüsstest, Frau!«, sagte der Mann. »dieser Widder wird uns zu allerlei guten Dingen verhelfen, und die Kinder werden es fortan endlich gut haben im Leben.« »Was?!«, sagte die Frau. »Was können wir von diesem elenden Widder haben? Woher sollen wir das Geld nehmen, ihn zu füttern? Wir haben ja selbst nichts zu essen, und du halst uns noch einen Widder auf. Was für ein Unsinn!« »Schweig, Frau«, erwiderte der Mann. »Ich sage dir: Dieser Widder ist nicht wie andere Widder.« »Und was ist das für einer?«, fragte die Frau. »Stell keine Fragen, sondern breite ein Tuch auf dem Boden aus und sieh.« »Warum ein Tuch ausbreiten?«, fragte die Frau. »Warum?«, schrie der Mann wütend. »Tu, was ich dir sage, und sei still.« Aber die Frau sagte: »Ach! Was muss ich nicht alles erdulden! Du tust rein gar nichts, gehst einfach weg und säufst dir die Hucke voll, dann kommst du irgendwann nach Hause und redest Unsinn, bringst irgendwelche Säcke und Widder mit und haust unsere Hütte kurz und klein.«

Jetzt konnte der Mann seine Wut nicht mehr zügeln, und er schrie den Widder an: »Kleiner Widder, kleiner Widder, spuck Geld!« Aber der Widder stand nur da und starrte ihn an. Dann schrie er wieder: »Kleiner Widder, kleiner Widder, spuck Geld!« Aber der Widder stand stocksteif da und tat nichts. Da ergriff der Mann in seiner Wut ein Stück Holz und schlug dem Widder auf den Kopf, aber der arme Widder stieß nur ein schwaches »Bäh!« aus und fiel tot um. Da weinte der Mann vor Wut und sagte: »Ich gehe noch einmal zum Wind und sage ihm, was für einen Narren er aus mir gemacht hat.« Dann nahm er seinen Hut und ging, und ließ alles hinter sich. Und die arme Frau brachte alles in Ordnung und schimpfte auf ihren Mann.

So kam der Mann also zum dritten Mal zum Wind und sagte: »Willst du mir bitte sagen, ob du wirklich der Wind bist oder nicht?« »Was ist mit dir los?«, fragte der Wind. »Ich will dir sagen, was los ist«, sagte der Mann. »Warum hast du mich ausgelacht und verspottet und mich so lächerlich gemacht?« »Ich lach dich aus?!«, donnerte Väterchen Wind, der wieder auf dem Boden lag. »Warum hast du nicht aufgepasst auf das, was ich dir gab? Warum hast du nicht auf mich gehört, als ich dir sagte, du sollst nicht ins Wirtshaus gehen, he?«, sprach's und drehte sich aufs andere Ohr. »Welches Wirtshaus meinst du?«, sagte der Mann trotzig. »Was deinen Sack und deinen Widder angeht: Die haben mir nichts als Unheil gebracht! Gib mir etwas anderes.« »Was nützt es, dir irgendetwas zu geben? Du bringst es doch nur ins Wirtshaus!«, sagte der Wind und rief: »Raus aus der Trommel, meine zwölf Handlanger! Und erteilt diesem verfluchten Trunkenbold eine gute Lektion, damit er seine Kehle trocken hält und besser auf alte Leute hört!«

Sofort sprangen zwölf Handlanger aus einer Trommel und verpassten dem Mann eine ordentliche Tracht Prügel, bis er um Gnade flehte: »Lieber alter Vater Wind«, rief er, »sei gnädig und lass mich mit dem Leben davonkommen. Ich werde nicht wieder zu dir kommen, und ich werde alles tun, was du willst.« »In die Trommel, meine Handlanger!«, rief der Wind. »Und nun, Mann, darfst du diese Trommel mit den zwölf Handlangern haben. Geh zu diesen vermaledeiten Wirtsleuten, und wenn sie dir deinen Sack und deinen Widder nicht zurückgeben, weißt du ja, was zu tun ist.«

Da dankte der Mann dem Wind und machte sich mit der Trommel auf den Weg. Er kam in das Wirtshaus, und als die Wirtsleute sahen, dass er nur eine alte Trommel mitbrachte und diesmal nichts bei ihm zu holen war, sagte der Wirt: »Hör mal! Du brauchst nicht herzukommen, wir haben keinen Schnaps.« »Was will ich mit eurem Schnaps?«, schrie der Mann wütend.

»Wozu bist du dann hergekommen?« »Ich will wiederhaben, was mir gehört.« »Was dir gehört?«, fragte der Wirt. »Was meinst du?« »Was ich meine?«, brüllte der Mann. »Na, meinen Sack und meinen Widder sollst du mir wiedergeben.« »Was für ein Widder? Welcher Sack?«, sagte der Wirt. »Die hast du doch selbst mitgenommen.« »Ja, aber du hast sie vertauscht!«, rief der Mann. »Was in aller Welt meinst du mit vertauscht?«, sagte der Wirt. »Hör' auf, uns zu belästigen. Wir sehen uns beim Richter wieder!« »Das wird dir übel bekommen, wenn du zum Richter gehst!«, sagte der Mann. »Glaub mir: Es ist besser für dich, wenn du mir mein Eigentum zurückgibst, und zwar sofort!«, und er setzte sich an den Tisch. Da packte der Wirt ihn an der Schulter, um ihn hinauszuwerfen, und rief: »Hau ab, du Lump! He, Leute: Weiß irgendwer, woher dieser Mann kommt? Dieser Halunke, dieser Gauner!«

Das konnte der Mann nicht ertragen, und er rief: »Aus der Trommel, meine Handlanger! Und verpasst den verfluchten Wirtsleuten eine ordentliche Tracht Prügel, damit sie lernen, dass man ehrliche Leute nicht hereinlegt!« Und sofort sprangen die zwölf Handlanger aus der Trommel und begannen, die Wirtsleute durchzuwalken, bis sie schrien: »Ach, ach! Guter Mann, wir geben dir, was immer du willst, nur hör auf, uns zu schlagen! Lass uns noch ein bisschen auf der Welt leben, und wir geben dir auch alles zurück.«

»Gut!«, sagte der Mann. »Und beim nächsten Mal werdet ihr nicht wieder die Leute täuschen.« Dann rief er: »In die Trommel, meine Handlanger!«, und sie verschwanden darin. Dann gaben die Wirtsleute dem Mann seinen Sack und seinen Widder wieder, und er ging damit nach Hause; die Wirtsleute aber mussten noch lange an die Handlanger denken.

Der Mann ging also nach Hause, und seine Frau und die Kinder sahen ihn schon von Weitem kommen. »Vater kommt heim, und er schleppt einen Sack und einen Widder an!«, sagte die Frau. »Ach, was sollen wir nur tun? Jetzt kommen wieder böse Zeiten auf uns zu, er wird wieder alles kurz und klein hauen und versaufen. Gott beschütze uns arme Schlucker! Geht, und versteckt alles, Kinder!« Die Kinder stoben in alle Winkel des Hauses, da kam schon der Mann zur Tür und sagte: »Öffne die Tür!« »Öffne selbst die Tür«, antwortete seine Frau. Wieder bat der Mann, sie möge die Tür öffnen, aber sie schenkte ihm keine Beachtung. Der Mann stutzte. »Na warte, Frau, den Scherz hast du zu weit getrieben«, dachte er und rief: »Aus der Trommel, meine Handlanger! Und lehrt meine Frau, ihren Mann zu achten!« Da sprangen die Handlanger aus der Trommel, schnappten sich die gute Frau und begannen, ihr eine Tracht Prügel zu verpassen.

»Ach, lieber Mann!«, schrie die Frau. »Ich will dir auch bis ans Ende meiner Tage nie wieder grollen, und ich werde tun, was du mir sagst, nur hör auf, mich zu schlagen!« »Dann habe ich dich doch Vernunft gelehrt, eh?«, sagte der Mann. »Ja, ja, guter Mann!«, schrie sie. Da sagte er: »In die Trommel, meine Handlanger!«, und sie sprangen wieder hinein und ließen von der armen Frau ab.

Dann sagte der Mann: »Frau, breite ein Tuch auf dem Boden aus.« Die Frau eilte und breitete wortlos ein Tuch auf dem Boden aus. Da sagte er: »Kleiner Widder, kleiner Widder, spuck Geld!« Und der kleine Widder spuckte Geld, Berge und Berge von Geld. »Nehmt euch, Kinder«, sagte der Mann, »und auch du, Frau, nimm, was du willst!« Und sie ließen sich nicht zweimal bitten. Dann hängte der Mann seinen Sack an den Haken und sagte: »Sack, Sack, gib uns Speis und Trank!«, und alsbald war der Tisch so voll, wie er nur fassen konnte, mit allerlei Speisen und Getränken. »Setzt euch, Kinder, und auch du, liebe Frau, und esst euch satt. Gott sei Dank wird es uns fortan nie wieder an Essen mangeln, und wir müssen nicht einmal dafür arbeiten.«

So waren der Mann, seine Frau und die Kinder allesamt glücklich und wurden nicht müde, dem Wind zu danken.

Sie hatten den Sack und den Widder noch nicht lange, da waren sie schon sehr reich geworden. Und der Mann sagte zu seiner Frau: »Lass uns meinen Bruder einladen, er soll uns besuchen kommen.« »Gut«, sagte sie, »aber denkst du, er wird kommen?« »Warum sollte er nicht kommen?«, sagte der Mann. »Als wir arm waren und er reich, wäre er wohl nicht gekommen, weil er sich geschämt hätte zu sagen, ich sei sein Bruder. Nun aber haben wir Gott sei Dank alles, was wir wollen, sodass er nicht mal so viel hat wie wir, da wird er schon kommen.«

Also machten sie alles bereit für den Besuch, und der Mann ging, um seinen Bruder einzuladen, und sprach: »Sei gegrüßt, Bruder, Gott helfe dir!« Der reiche Bruder drosch gerade Weizen auf seiner Tenne, und als er den Kopf hob, war er überrascht, seinen Bruder dort zu sehen, und sagte hochmütig zu ihm: »Sei gegrüßt! Setz dich und sag, warum du hergekommen bist.« »Danke, mein Bruder, ich will mich nicht setzen. Ich bin gekommen, um dich zu uns einzuladen – dich und deine Frau.« »Warum?«, fragte der reiche Bruder. Der Mann sagte: »Wir bitten dich, so gut zu sein und mit uns zu speisen.« »Gut!«, erwiderte der reiche Bruder mit einem spöttischen Lächeln. »Ich werde kommen, was auch immer dein Abendessen sein mag.«

Und er ging mit seiner Frau zu dem verachteten Bruder. Doch wie verwundert waren sie, als sie schon von Weitem sahen, dass der arme Bruder mit einem Mal sehr reich geworden sein musste, und wie wunderten sie sich erst, als sie in sein Haus kamen, denn dort herrschte nun großer Wohlstand. Der Mann freute sich sehr, als er seinen reichen Bruder bei sich begrüßen durfte. Und er fing an, ihm alles zu zeigen, was er besaß. Der Reiche war erstaunt, dass es seinem Bruder so gut gehe, und fragte ihn, wie er es geschafft habe, so weit zu kommen. Aber der Mann antwortete: »Frag nicht, Bruder. Warte, ich habe dir noch mehr zu zeigen.« Und er führte ihn zu seinem Kupfergeld und sagte: »Da ist mein Hafer, Bruder!« Dann zeigte er ihm sein Silbergeld und sagte: »Das ist die Sorte Gerste, die ich auf meiner Tenne dresche!« Und zuletzt führte er ihn zu seinem Goldgeld und sagte: »Da, mein lieber Bruder, ist der beste Weizen, den ich habe.«

Da schüttelte der reiche Bruder den Kopf und staunte über so viel Reichtümer und sagte: »Wo hast du all das her, mein Bruder?« »Oh! Ich habe dir noch mehr zu zeigen. Sei so gut und setz dich auf diesen Stuhl, und ich werde dir alles zeigen und erzählen.« Dann hängte der Mann seinen Sack an den Haken und rief: »Sack,

Sack, gib uns Speis und Trank!«, und sofort war der Tisch mit allerlei guten Speisen und Wein gedeckt. Sie aßen und aßen, bis es ihnen zu den Ohren wieder herauskam.

Dann rief der arme Mann seinem Sohn zu, er solle den kleinen Widder ins Haus bringen. Der reiche Bruder wunderte sich. Da sagte der arme Mann: »Kleiner Widder, kleiner Widder, spuck Geld!« Und der kleine Widder spuckte Geld, bis es haufenweise auf dem Boden lag. »Hebt es auf!«, sagte der Mann zu seinem Bruder und dessen Frau. Da hoben sie es auf und staunten, und der reiche Bruder sagte: »Du hast da ein feines Tierchen. Ach, hätte ich auch so etwas, es würde mir an nichts fehlen!« Er schwieg ein Weilchen, dann sagte er: »Verkauf es mir, mein lieber Bruder.« »Nein«, sagte der Mann, »ich verkaufe es nicht.« Nach einer Weile aber sagte der reiche Bruder noch einmal: »Komm jetzt! Ich gebe dir dafür sechs Ochsengespanne und einen Pflug und eine Egge und eine Heugabel und außerdem viel Korn zum Säen, also wirst du genug haben, aber gib mir den Widder und den Sack.« Da gab der Mann dem Betteln und Drängen des Bruders nach, und so tauschten sie schließlich: Der reiche Bruder nahm den Sack und den Widder, und der Mann nahm die Ochsen und ging hinaus aufs Feld.

Den ganzen Tag pflügte er. Aber vom Vieh verstand er nichts: Er tränkte die Ochsen nicht und gab ihnen auch nichts zu essen. Am nächsten Tag ging er zu den Ochsen, aber da lagen sie am Boden vor Schwäche. Er zog und zerrte an ihnen, aber sie standen nicht auf. Dann fing er an, sie mit dem Stock zu schlagen, aber sie gaben keinen Laut von sich. Der Mann war ärgerlich, dass die Ochsen nichts taugten. Da holte er seine Trommel mit den Handlangern und lief zu seinem Bruder.

Und als er dort ankam, sagte er wütend: »Die Ochsen taugen nichts. Sie liegen auf der Erde und wollen sich nicht rühren, auch Schläge helfen nichts. Gib mir meinen Sack und meinen Widder zurück, und du nimm deine Ochsen wieder, denn sie hören nicht auf mich!« »Was fällt dir ein?!«, brüllte der reiche Bruder. »Glaubst du, ich habe den Tausch nur für einen Tag gemacht? Nein, ich habe sie dir ein für alle Mal gegeben. Sicher hast du ihnen weder Wasser noch Futter gegeben und sie stehen deshalb nicht auf, stimmt's?« »Oh, das wusste ich nicht«, sagte der Mann, »dass ich ihnen Wasser und Futter geben muss.« »›Wusste ich nicht‹?!«, schrie der reiche Bruder wütend. »Geh und komm nie wieder, sonst bringe ich dich an den Galgen!« »Ich gehe erst, wenn du mir mein Eigentum wiedergibst!«, sagte der Mann. »Besser, du gehst«, sagte der reiche Bruder, »bevor ich dich schlage!« »Du wagst es, mir zu drohen? Gib mir meinen Widder und meinen Sack zurück, dann gehe ich«, erwiderte der Mann. Da verlor der reiche Bruder die Fassung, und er rief seiner Frau zu: »Warum stehst du da und glotzt? Komm und hilf mir, den unverschämten Kerl aus dem Haus zu werfen!«

»Das ist zu viel«, dachte der Mann und rief: »Aus der Trommel, meine Handlanger! Und verpasst dem Bruder und seiner Frau eine ordentliche Tracht Prügel, damit sie es sich ab jetzt zweimal überlegen, bevor sie den eigenen Bruder aus dem Haus werfen!« Da sprangen die Handlanger aus der Trommel und packten den reichen Bruder und seine Frau und schlugen kräftig auf sie ein, bis der Bruder schrie: »Oh, oh! Mein treuer Bruder! Nimm, was du willst, nur lass mich am Leben!« Da rief der Mann seinen Schergen zu: »In die Trommel, meine Handlanger!«, und sie verschwanden sogleich darin.

Da nahm der Mann seinen Widder und seinen Sack und ging damit nach Hause.

Und er lebte mit seiner Frau und seiner Kinderschar glücklich bis an sein Lebensende und wurde reicher und reicher. Sie säten weder Weizen noch Gerste, und doch hatten sie viel, viel zu essen.

Ob der Mann noch ins Wirtshaus ging? Wenn er wieder hinwollte, brauchte die Frau nur zur Trommel zu schielen, und er ließ es hübsch bleiben. Und er sagte sich: »Wozu auch? Der Tisch ist ja reich gedeckt mit allem, was das Herz begehrt.«

Und so war es auch, und ich war dabei und habe Met und Bier getrunken. Und was mein Mund nicht halten konnte, lief mir über den Bart.

Die Sorgenkobolde

Einst lebte ein armer Bauer, der war rechtschaffen und fleißig. Er arbeitete von Sonnenaufgang bis Sonnenuntergang, doch wie sehr er sich auch mühte und plagte, was er auch anfing: Nichts wollte ihm gelingen; er kam aus den Sorgen nicht heraus, wie ein Fisch, der im Netz zappelt und sich müht und doch darin gefangen bleibt.

Und wie er so in der Stube saß und mit seiner Frau die karge Wassersuppe löffelte, sprach er vor sich hin: »Ach, wie kann es nur sein, dass wir kein Glück haben bei allem, was wir tun, obwohl wir uns doch nach Leibeskräften abmühen! Es ist grad so, als hätten sich im Haus die Sorgenkobolde eingeschlichen.« Da kam aus einer Dielenritze ein feines Stimmchen: »Ganz recht, guter Mann, so ist es! Und eins kann ich dir sagen: Du kannst dich mühen, soviel du willst, solange wir bei dir sind, wirst du es zu nichts bringen. Aber denk ja nicht, dass du uns loswirst. Wir wollen hier nicht weg; wir fühlen uns wohl und haben es uns gemütlich gemacht, sehr gemütlich!«

Der arme Bauer schluckte. Dann dachte er nach. Und er fasste einen Plan und sprach: »Ja, seid ihr denn viele, hier bei mir?« Da antwortete der Sorgenkobold: »Und ob, guter Mann, so viele, dass du uns nicht zählen kannst!« »Aber wenn ihr so viele seid«, sagte der Bauer, »wie kommt es dann, dass ich euch nie gesehen habe?« »Nun, weil wir so klein sind, dass uns die Augen der Menschen nicht sehen können.« »Ja, wo steckt ihr denn?«, fragte der Bauer. »Wir kriechen in alle Winkel und Ecken; du findest uns überall, in jeder Mauerfuge und Dielenritze, in den Schubladen und Schränken, Töpfen und Flaschen. Es gibt nichts, was für uns zu klein oder zu eng ist, wir schlüpfen überall hinein.«

Da zog der Bauer seinen Schnupftabaksbeutel aus der Tasche, öffnete ihn, um eine Prise herauszunehmen, und sagte: »Könntet ihr sogar in den Tabaksbeutel hier hineinschlüpfen?« »Und ob, guter Mann, das ist doch ein Kinderspiel!«, sagte der Sorgenkobold. »Wart, ich will's dir zeigen!« Und er rief die anderen Plagegeister herbei, und im nächsten Augenblick schon hörte der Bauer es aus dem Tabaksbeutel rufen: »Wir sind schon alle drin!« Da zog der Bauer geschwind den Tabaksbeutel zu, und die Sorgenkobolde waren gefangen.

Der Bauer eilte mit dem Beutel zur Mühle, dort legte er ihn unter den Mühlstein. Und von dem Augenblick an, wo die Sorgenkobolde aus dem Haus waren, glückte ihm alles, was er begann. Seine Weizenfelder trugen so dicke, schwere Kornähren wie nie zuvor, die Hühner legten jeden Tag ein Ei, und die Kühe bekamen viele Kälber und gaben reichlich Milch. Und es dauerte nicht lange, da war aus dem armen ein reicher Bauer geworden.

In dem Dorf lebte noch ein anderer Bauer, der war sehr reich und hatte ein böses Herz. Er war ebenso geizig, wie er reich war, und schlimmer noch: Er war ebenso neidisch und missgünstig. Er gönnte dem armen Bauern, der über Nacht so reich geworden war, sein Glück nicht, und der Neid begann in ihm zu fressen. »Wieso hat der Pechvogel mit einem Mal so viel Glück?«, grübelte er. »Das geht doch nicht mit rechten Dingen zu! Ich muss der Sache nachgehen.« Da klemmte er sich eine Flasche Branntwein unter den Arm und ging den Bauern besuchen. Und der Branntwein löste dessen Zunge, und er erzählte, wie er zu seinem Reichtum gekommen war.

Der Reiche verabschiedete sich und ging zur Mühle. Dort holte er die Sorgenkobolde aus dem Versteck, öffnete den Tabaksbeutel und ließ die kleinen Plagegeister wieder frei, denn er wollte sie dem Bauern auf den Hals hetzen, und rief: »Na los, auf, auf, in euer altes Heim!« Dann ging er zurück nach Hause. Die Sorgenkobolde aber hefteten sich unbemerkt an seine Fersen, denn sie dachten sich: »Wir wollen nicht zurück in unser altes Heim, wir fürchten uns vor dem Bauern, er wird uns wieder überlisten!« Und sie folgten dem Reichen in sein Haus, krochen in alle Winkel und Ecken und machten sich dort breit.

Und von da an ging es mit dem Reichen bergab. Er hatte kein Glück mehr in dem, was er tat. Der Hagel zerschlug ihm die Ernte, das Heu im Schober verfaulte, das Dach brannte ihm über dem Kopf weg, und sein ganzer Reichtum schmolz dahin, bis er schließlich so arm war wie zuvor der Bauer, bei dem sich die Sorgenkobolde zuerst breitgemacht hatten.

Da gereute es den einst so Reichen, dass er aus Neid und Missgunst nun selbst ins Elend geraten war. Aber die Reue kam zu spät. Er wurde die Sorgenkobolde nicht mehr los und blieb arm bis an sein Lebensende. Sein einziger Trost war, wenn er ein offenes Ohr fand, dem er sein Herz ausschütten konnte. Und wenn er seine Geschichte erzählt hatte, pflegte er stets zu sagen:

»Hass und Neid
Machen die Hölle weit!«

Verfolgte Unschuld

Es waren einmal ein Mann und eine Frau, die hatten zwei Kinder, einen Knaben und ein Mädchen. Sie lebten froh und zufrieden miteinander. Eines Tages aber starb der Vater. Und es dauerte nicht lange, da starb auch die Mutter. Da waren der Knabe und das Mädchen ganz allein auf der Welt. Aber die Geschwister liebten einander innig und hielten fest zusammen, und so überstanden sie einträchtig alle Armut und Not und wuchsen heran.

Eines Tages sprach der Bruder: »Schwesterchen, was meinst du: Wäre es nicht gut, wenn ich heirate? Dann hättest du auch weniger Arbeit und bekämst eine Freundin zur Gesellschaft.« »Ja, es ist an der Zeit, dass du heiratest«, sprach die Schwester. »Du hast eine liebe Frau verdient und ich will ihr eine gute Freundin sein.« Der Bruder schickte Brautwerber aus, und bald darauf war ein junges Mädchen gefunden, mit dem hielt er Hochzeit. Nun lebten sie also alle drei miteinander in dem Hause.

Der Bruder liebte seine Frau und er liebte seine Schwester, und er war gerecht gegen beide. Die Schwester tat alles, um die Frau ihres Bruders zur Freundin zu gewinnen. Sie war freundlich und fleißig und nahm ihrer Schwägerin alle Arbeit ab, ja sie arbeitete sogar Nächte hindurch für sie. Doch mehr und mehr nagte die Eifersucht in der Schwägerin. Und sie begann, die Schwester zu hassen. Wo es nur ging, machte sie diese bei ihrem Mann schlecht und erzählte, dass sie faul und unordentlich sei. Der Bruder aber wollte ihr keinen Glauben schenken und hielt treu zu seiner Schwester.

Eines Tages musste er fort auf eine weite Reise. Da fasste die Frau einen Plan: Sie nahm ein Beil und hackte seinen treuen Jagdhunden die Pfoten ab, und als ihr Mann heimkehrte, sagte sie: »Sieh nur, was deine Schwester getan hat: Kaum warst du fort, hat sie deinen Jagdhunden die Pfoten abgehackt!« Ihr Mann erschrak und wusste nicht, was er glauben sollte, aber er sagte: »Wer weiß, welchen Grund sie dafür gehabt haben mag. Sie gilt mir allemal mehr als meine Hunde.« Auch wenn er sich sehr darüber grämte, sprach er kein Wort darüber mit seiner Schwester.

Nach einer Weile musste er wieder auf Reisen. Da ging seine Frau in den Stall und hieb dem Pferd die Hufe ab. Und als er von der Reise zurückkehrte, sagte sie: »Sieh nur, was deine feine Schwester nun angestellt hat: Sie hat deinem Pferd die Hufe abgehackt!« Der Bruder schluckte, doch er sagte: »Sie muss einen Grund dafür gehabt haben. Jedenfalls ist mir meine Schwester teurer als das Pferd.« Und obwohl der Zweifel in ihm zu nagen begann, sprach er wieder kein Wort darüber mit seiner Schwester.

Da geschah es, dass er zum dritten Mal verreisen musste. Und in ihrem Hass war die Frau so verblendet, dass sie das Haus in Brand steckte. Dann schickte sie ihrem Mann einen Boten hinterher, der ihn zurückholte. Als ihr Mann heimkam, war kein Heim mehr da. Es war nichts übrig als ein Aschenhaufen, und er war um all sein Hab und Gut gebracht. Die Frau aber sprach: »Du wolltest mir ja nicht glauben, jetzt siehst du, was deine Schwester uns angetan hat! Sie hat uns ganz zugrunde gerichtet!« Nun glaubte der Bruder seiner Frau, und zornig trat er vor seine Schwester. Die aber beteuerte ihre Unschuld. Sie weinte und schwor hoch und heilig, dass sie es nicht gewesen sei. Doch vergebens, er glaubte ihr nicht und sagte: »Wer sonst soll es denn gewesen sein? Du willst mir doch wohl nicht weismachen, dass meine Frau sich selbst ins Elend gestürzt hat?« Und er führte sie vor Gericht.

Lange berieten die drei Richter, welche Strafe das Mädchen verdiene. Der erste schlug vor: »Sie soll bis an ihr Lebensende im Gefängnis büßen.« Der zweite sagte: »Ihr Vergehen muss sie mit dem Leben zahlen.« Der dritte aber sagte: »Wir sollten ihr die Hände, mit denen sie so Böses begangen hat, auf dem Rücken zusammenschmieden, und so soll sie durch die Welt irren.« Und so geschah es.

Dem armen, unschuldigen Mädchen wurden die Hände auf den Rücken gelegt und mit einem eisernen Band zusammengeschmiedet, und sie wurde fortgejagt, hinaus in die weite, kalte Welt. So irrte sie durch Steppen und Wälder, über Stock und Stein, bis ihre Füße blutig waren, die Beine wundgestochen von den Dornen und die Hände blutig gescheuert. Lange irrte sie so in der Welt umher.

Endlich kam sie an einen großen Garten. Das Tor stand offen, und sie trat hinein. Da sah sie mitten im Garten einen schönen Apfelbaum stehen, daran hingen goldene Äpfel. Ein Apfel aber hing ganz niedrig an einem Zweig. Und das hungrige Mädchen pflückte den Apfel mit dem Mund und aß ihn. Und als sie weiter im Garten umherging, kam sie an einen Brunnen. Sie wollte trinken und beugte sich hinunter, doch da stürzte sie in den Brunnen hinein. Kaum aber war sie in das Wasser getaucht, da fiel das eiserne Band von ihr ab, ihre Hände waren frei und all ihre Wunden waren geheilt. Sie kletterte aus dem Brunnen heraus, dankte Gott für ihre glückliche Rettung und ging weiter durch den Garten.

Da kam ein schöner Prinz des Weges, der schritt auf den Apfelbaum zu. Rasch versteckte sich das Mädchen im Gebüsch. Als aber der Prinz sah, dass ein Apfel fehlte, rief er: »Wer hat meinen goldenen Apfel gestohlen?« Da trat sie aus dem Gebüsch hervor und sagte: »Ich war es. Ich habe den Apfel gegessen, weil ich so hungrig war.« »Wer bist du?«, fragte der Prinz. »Und wie bist du hierhergekommen?« Da erzählte sie ihm alles, was ihr widerfahren war. Und während sie ihr trauriges Los schilderte, sah der Prinz sie unverwandt an, denn er war entzückt von ihrer Schönheit und es schien ihm, als wäre der Garten durch sie in ein helleres Licht getaucht. Und als sie geendet hatte, fragte er sie: »Willst du meine geliebte Frau werden?« Und weil sie sah, dass er gütig und schön war, sagte sie Ja. Bald darauf hielten sie Hochzeit.

Ein Jahr lebten sie in Glück und Freude, da musste der Prinz fortreisen in ein fernes Land. Bald darauf gebar sie einen schönen Sohn, der hatte auf seiner Stirn einen strahlenden Stern. Glücklich schickte sie ihrem Gemahl einen Boten mit einem Brief, in dem stand: »Wir haben einen schönen Sohn bekommen, und er trägt auf der Stirn einen strahlenden Stern.« Der Weg aber war so weit, dass sich der Bote unterwegs eine Bleibe für die Nacht suchen musste. Und da klopfte er ausgerechnet an die Hütte, in der nun der Bruder mit seiner Frau lebte. Die Frau öffnete, er bat sie um ein Nachtlager und sie gewährte es ihm. Da fragte sie ihn, woher er komme und wohin er gehe, und als er von seinem Auftrag berichtete, ahnte sie sofort, dass jene Prinzessin ihre verhasste Schwägerin sein musste. Und als der Bote eingeschlafen war, schlich sie an seine Tasche, nahm den Brief heraus und vertauschte ihn mit einem anderen, den sie selbst geschrieben hatte, und darin stand: »Ich gebar einen Sohn mit einem Hundekopf.«

Am andern Morgen machte sich der Bote wieder auf den Weg, und er übergab dem Prinzen den vertauschten Brief. Als der die Worte las, ward er aufgebracht und schrieb einen Brief, in dem stand: »Die Prinzessin soll samt ihrem Neugeborenen fortgejagt werden aus dem Reich.« Diesen Brief gab er dem Boten, damit er ihn den Ältesten des Reiches überbringe. Als diese den Brief lasen, schüttelten sie ratlos die Köpfe, aber was sollten sie machen? Sie mussten dem Befehl gehorchen. Und so wurde die Prinzessin mit ihrem Kinde verstoßen. Und wieder irrte sie in der Welt umher, bis sie schließlich in einem Dorf unterkam, wo sie sich bei fremden Menschen verdingte und mit ihrer Hände Arbeit das täglich Brot für sich und ihren Sohn verdiente. Indes wuchs ihr Sohn heran, war fröhlich und voller Leben.

Als aber der Prinz von seiner Reise zurückkehrte und erfuhr, dass sein Sohn mitnichten einen Hundekopf hatte, sondern im Gegenteil schön war und einen strahlenden Stern auf der Stirn hatte, ward er sehr traurig. Er machte sich Vorwürfe, dass er seine unschuldige Frau verstoßen hatte, und konnte an nichts anderes mehr denken als an seine Frau und seinen Sohn. Da zog er in die Welt hinaus, sie zu suchen. So durchquerte er traurig die Lande, lange Zeit. Endlich gelangte er auch in jenes Dorf, wo seine Frau nun lebte. Und weil er müde war vom Umherziehen, setzte er sich in den Schatten einer Hütte, um ein wenig auszuruhen. Er schaute den Knaben des Dorfes zu, wie sie da auf der Straße spielten. Und einer war darunter, der fiel ihm auf, ein besonders schöner Knabe, und er musste ihn immerzu ansehen. Und der Knabe hielt inne im Spiel und sah ihn unverwandt an.

Da rief der Prinz ihn zu sich und fragte: »Sage mir: Wie heißt dein Vater?« »Wie er heißt, das weiß ich nicht«, sagte der Knabe, »ich weiß nur, dass er ein Prinz ist.« »Du willst mich wohl zum Narren halten«, sagte der Prinz. »Wo wohnt er denn, dieser Prinz?« »Wo er wohnt, das weiß ich nicht«, sagte der Knabe, »ich weiß nur, dass er meine Mutter verstieß, als ich gerade auf die Welt gekommen war.«

Mit bebender Stimme fragte der Prinz: »Sage mir: Wie heißt deine Mutter?« Und der Knabe erzählte alles, was er vom Schicksal seiner Mutter wusste: dass man ihr Böses angehängt und die Hände auf dem Rücken zusammengeschmiedet hatte, dass ein Prinz sie gefunden und zu seiner Frau gemacht hatte, doch dass er dann befohlen hatte, sie und ihr Neugeborenes aus dem Reich zu jagen, und das neugeborene Kind, das sei er gewesen.

Da strich ihm der Prinz das Haar aus der Stirn, und ein Stern strahlte ihm entgegen. »Bring mich zu deiner Mutter!«, rief der Prinz. Und als er sie sah, erkannte er seine Frau. Wie glücklich war er, dass er sie nun endlich gefunden hatte. Und wie glücklich war sie, dass ihre Not nun ein Ende haben sollte und ihr Mann es gut mit ihr meinte.

Nun kehrten der Prinz und die Prinzessin mit ihrem Sohn zurück nach Hause. Und als sie dort ankamen, ließen sie sogleich den Boten zu sich kommen und fragten ihn, wie es damals genau zugegangen sei mit dem Brief. Und so erfuhren sie, dass er unterwegs in einer Hütte übernachtet hatte, und sie fanden heraus, dass es die Schwägerin war, die den Brief der Prinzessin gegen einen anderen vertauscht hatte.

Da befahl der Prinz, die Schwägerin und auch den Bruder der Prinzessin zu holen. Und als die Schwägerin die Prinzessin in ihrem Glanze sah und in ihr die verhasste Schwester ihres Mannes erkannte, war sie so überwältigt von Neid und Wut, dass sie Hand an sich legte, und da war's aus mit ihr. Der Bruder aber lebte fortan im Schlosse, bei seiner Schwester. Und alle miteinander waren sie dankbar, wie glücklich das Schicksal es doch noch gefügt hatte.

Unverhofftes Glück

Das Glücksmädchen

Es war einmal ein Kaufmann, der hatte einen einzigen Sohn, und der kam in das Alter, da man ihn verheiraten musste. Da sagte der Kaufmann: »Geh, mein Sohn, dorthin zu jenem reichen Mädchen und wirb um sie, und sie wird dich nehmen, weil ich schon mit ihrem Vater gesprochen habe.« Der Sohn erwiderte: »Vorher will ich noch die Welt durchwandern und mich umschauen, vielleicht wähl ich mir ein Mädchen, das schöner ist als jene.« Der Vater antwortete: »Geh nur zu!«

Der Sohn machte sich auf und ging fort. Er ging und ging und verirrte sich im Walde. Plötzlich sah er: Da stand ein Hüttchen auf einem Hühnerfuß und drehte sich im Kreise. Er ging in die Hütte hinein. Dort saß ein alter Mann, der war so weiß wie mit Milch übergossen. Das war aber kein alter Mann, sondern das Glück. Der Jüngling begrüßte ihn: »Guten Abend, Alter!« »Willkommen!«, sagte der Alte. »Was führt dich her?« »Ich hab' mich verirrt, sah Eure Hütte und trat ein.«

Der Bursche sah bei dem Alten drei Sessel stehen, einen goldenen, einen silbernen und einen dritten aus Kupfer. Da fragte er den Alten: »Was habt Ihr da für Sessel?« »Wenn ich auf dem goldenen sitze«, erwiderte der Alte, »so wird das Menschenkind glücklich, das zu dieser Zeit geboren wird. Sitze ich auf dem silbernen, so wird es ein wenig glücklich. Sitze ich aber auf dem kupfernen, so wird es unglücklich.«

»Und als ich geboren wurde, auf welchem Sessel habt Ihr da gesessen?« »Auf dem kupfernen«, sagte der Alte. »Und bei jener Kaufmannstochter, auf welchem?« »Auf dem kupfernen. Aber als ich auf dem silbernen saß, da wurde das Mädchen geboren, das beim Nachbarn das Wasser trägt. Um deren Hand sollst du anhalten, denn mit ihr wirst auch du glücklich werden.«

Der Bursche dankte dem Alten und ging zu seinem Vater, damit er ihm die Heirat mit der Tagelöhnerin erlaube.

Er kam zu seinem Vater, und der fragte ihn: »Nun, mein Sohn, hast du eine gefunden, die zu dir passt?« »Ja, Vater«, antwortete der Sohn, »es ist die Tagelöhnerin, die beim Nachbarn das Wasser trägt; die will ich nehmen. Segnet mich!« Der Vater aber erwiderte: »Du bist wohl verrückt geworden, Sohn? Geh, wohin du willst, und sei verflucht! Ich will nichts mehr von dir wissen! Du bringst mich in Schande, wenn du die Tagelöhnerin nimmst!«

Der Sohn aber machte sich auf und ging zu der Tagelöhnerin; er nahm sie mit sich, gab ihr Kleidung und ließ sich trauen. Alle lachten über ihn, der Vater aber weinte.

Der Mann gab seiner Frau fünfzehn Rubel und sagte: »Geh und kauf Waren, wir wollen mit ihnen handeln.« Sie fuhr fort, kaufte eine Fuhre Kohlen und brachte sie heim; er sah das und dachte bei sich: »Oh, ich Dummkopf! Gelogen hat der Alte, dass sie ein Glückskind sei.« Als er aber am nächsten Tag Kohlen zum Teekochen holen will – liegen dort lauter Goldstücke. Und da sagte er sich: »Es ist doch wahr, was der Alte gesagt hat!« Und er lebte mit seiner Frau in Glück und Wohlstand.

Ich war bei ihr,
Trank Wein und Bier,
Es floss über den Bart,
Doch nichts kam in den Mund.
Sag an, bin ich nicht ein guter Gesell,
Dass ich mein Märchen ende so schnell?

Der Strohstier

Es waren einmal ein alter Mann und eine alte Frau. Der Mann arbeitete als Pechsieder, und die Frau saß zu Hause und spann Flachs. Sie waren so arm, dass sie rein gar nichts sparen konnten; alles, was sie verdienten, mussten sie für Essen ausgeben, und wenn das aufgebraucht war, war nichts mehr übrig.

Eines Tages hatte die alte Frau einen Einfall: »Lieber Mann!«, rief sie. »Mach mir einen Strohstier und bestreiche ihn mit Teer!« »Warum das? Was redest du da für Unsinn, alte Närrin?!«, murrte er. »Wozu soll so ein Strohstier gut sein?« »Frag nicht«, sagte sie, »mach einfach. Ich weiß schon, was ich damit anfange.« Was sollte der arme Mann dagegen sagen? Er machte seiner Frau einen Stier aus Stroh und bestrich ihn mit Teer.

Am andern Tag, in aller Frühe, nahm die alte Frau ihren Spinnrocken und ein Bündel Flachs und ging mit dem Strohstier hinaus in die Steppe. Dort stellte sie ihr Strohstierlein hin, zum Grasen. Dann setzte sie sich auf einen Hügel und fing an, ihren Flachs zu spinnen, und sang ein Liedchen dabei:

»Weide weiter, kleiner Stier,
Und ich sitz' und spinne hier!
Weide weiter, kleiner Stier,
Und ich sitz' und spinne hier!«

Und während sie so sang und spann, sackte ihr der Kopf auf die Brust, und sie döste ein. Und während sie döste, kam von hinten aus dem dunklen Wald zwischen den riesigen Tannen ein Bär hervor, ging zum Strohstier und fragte: »Wer bist du? Sag es mir!« Und der Strohstier sagte: »Ein Stierlein bin ich, aus Stroh gemacht und mit Teer bestrichen.« »Ach!«, sagte der Bär. »Mit Stroh ausgestopft und mit Teer bestrichen bist du? Dann gib mir von deinem Stroh und Teer, damit ich mein zerrissenes Fell wieder flicken kann!« »Nimm nur«, sagte der Strohstier, und der Bär stürzte sich auf ihn und fing an, am Teer zu reißen. Er riss und riss und grub seine Zähne hinein, bis er merkte, dass er nicht mehr loslassen konnte. Er zerrte und zerrte, aber es half nichts, er hing fest. Und der Strohstier ging und schleifte ihn mit sich.

Da erwachte die alte Frau, und weit und breit war kein Strohstier zu sehen. »Oje! Ich alte Närrin!«, rief sie. »Nun, vielleicht ist mein Strohstierlein nach Hause gegangen.«

Da raffte sie schnell Spinnrocken und Flachs zusammen und eilte nach Hause. Und da sah sie, dass der Strohstier den Bären bis zum Zaun geschleppt hatte, und ging hinein zu ihrem Alten. »Väterchen, Väterchen!«, rief sie. »Schau, schau! Der Strohstier hat uns einen Bären gebracht. Komm raus und mach ihn tot!« Da sprang der Alte auf, riss den Bären vom Strohstier los, fesselte ihn und warf ihn in den Keller.

Am andern Morgen, in aller Frühe, nahm die alte Frau ihren Spinnrocken und ging mit dem Strohstier in die Steppe zum Grasen. Sie setzte sich auf einen Hügel, fing an zu spinnen und sang:

»Weide weiter, kleiner Stier,
Und ich sitz' und spinne hier!
Weide weiter, kleiner Stier,
Und ich sitz' und spinne hier!«

Und während sie so sang und spann, sackte ihr der Kopf auf die Brust, und sie döste ein. Und siehe da! Aus dem dunklen Wald kam hinter den riesigen Kiefern ein grauer Wolf auf den Strohstier zu und rief: »Wer bist du? Sag es mir!« »Ein Stierlein bin ich, aus Stroh gemacht und mit Teer bestrichen.« »Oh! Mit Teer bestrichen bist du? Dann gib mir von deinem Teer, dass ich meine Seite teeren kann, damit die Hunde mich nicht zerreißen!« »Nimm nur«, sagte der Strohstier, und der Wolf stürzte sich auf ihn und zerrte am Teer und grub seine Zähne hinein, konnte aber nichts losreißen. Dann versuchte er loszukommen, aber er hing fest. Und der Strohstier ging und schleifte ihn mit sich fort.

Als die alte Frau aufwachte, war weit und breit kein Strohstier zu sehen. »Vielleicht ist mein Strohstierlein nach Hause gegangen!«, rief sie. »Ich werde heimgehen und nachsehen.« Als sie dort ankam, stutzte sie, denn neben dem Zaun stand der Strohstier, an dem noch immer der Wolf zerrte. Sie lief und sagte es ihrem Alten, und der kam, riss den Wolf vom Strohstier los und warf auch den Wolf in den Keller.

Am dritten Tag ging die alte Frau mit ihrem Strohstier wieder auf die Weide zum Grasen, setzte sich auf einen Hügel und döste ein. Da kam ein Fuchs angerannt. »Wer bist du?«, fragte er den Strohstier. »Ein Stierlein bin ich, aus Stroh gemacht und mit Teer bestrichen.« »Oh! Dann gib mir etwas von deinem Teer, dass ich meine Seite damit bestreichen kann, damit die Hunde mir das Fell nicht zerreißen!« »Nimm nur«, sagte der Strohstier, und da schlug der Fuchs seine Zähne in ihn hinein und konnte sie nicht wieder herausziehen und hing an dem Strohstier fest. So schleppte der Strohstier auch noch den Fuchs an. Die alte Frau sagte es ihrem Alten, und er warf auch noch den Fuchs in den Keller.

Und am andern Tag fingen sie dank des Strohstierleins auch noch einen Hasen.

Als sie nun den Bären, den Wolf, den Fuchs und den Hasen gefangen hatten, setzte sich der Alte vor den Keller auf eine Bank und begann, sein Messer zu schärfen.

Und der Bär fragte: »Sag mir, Väterchen, was wetzt du dein Messer?« »Um dir das Fell abzuziehen, damit ich mir eine Jacke draus machen kann und meiner Alten einen Mantel.« »Ach! Lass mich am Leben, liebes Väterchen! Lass mich gehen, und ich verspreche: Ich bringe dir viel Honig.« »Also gut, dann sieh zu, dass du es auch wirklich tust, ich warte!«, sagte der Alte, und er band den Bären los und ließ ihn frei.

Dann setzte er sich auf die Bank und begann erneut, sein Messer zu schärfen. Und der Wolf fragte ihn: »Väterchen, was wetzt du dein Messer?« »Um dir das Fell abzuziehen, damit ich mir eine warme Mütze für den Winter machen kann.« »Ach! Lass mich am Leben, liebes Väterchen! Lass mich laufen, und ich verspreche: Ich bringe dir eine ganze Herde Schäfchen.« »Also gut, dann sieh zu, dass du es auch wirklich tust, ich warte!«, und er ließ auch den Wolf frei.

Dann setzte er sich hin und fing wieder an, sein Messer zu schärfen. Der Fuchs streckte sein Schnäuzlein heraus und bat: »Sei so gut, liebes Väterchen, und sag mir: Was wetzt du dein Messer?« »Nun«, sagte der Alte, »kleine Füchse haben ein schönes Fell, wunderbar für Kragen und Besätze, und ich will dir das Fell abziehen!« »Ach! Lass mich am Leben, liebes Väterchen! Lass mich laufen, und ich verspreche: Ich bringe dir Hühner und Gänse.« »Also gut, dann sieh zu, dass du es auch wirklich tust, ich warte!«, und er ließ auch den Fuchs frei.

Nun war nur noch der Hase im Keller, und der Alte fing wieder an, sein Messer zu schärfen. »Warum machst du das?«, fragte das Häslein, und er antwortete: »Kleine Hasen haben weiches, warmes Fell, das gibt hübsche Handschuhe und Fäustlinge für den Winter!« »Ach! Lass mich am Leben, liebes Väterchen! Lass mich laufen, und ich verspreche: Ich bringe dir Grünkohl und guten Blumenkohl, wenn du mich nur loslässt!« Da ließ der Alte auch den Hasen noch frei.

Dann legten der Alte und seine Frau sich zu Bett. Am andern Morgen aber schreckten sie in aller Frühe auf: An der Tür war ein Geräusch zu hören« »Väterchen!«, rief die alte Frau, »Da kratzt jemand an der Tür; geh und sieh nach, wer es ist!«

Der Alte ging hinaus, und da war dort der Bär, der trug einen ganzen Bienenstock voll Honig. Der Alte nahm den Honig in Empfang, sagte Dank und legte sich wieder hin. Kaum aber war er im Bett, da hörten sie wieder ein Kratzen an der Tür. Der Alte schaute hinaus und sah den Wolf, der eine ganze Schafherde in den Hof trieb. Dicht auf den Fersen kam der Fuchs, der Gänse und Hühner und allerlei Federvieh vor sich hertrieb. Und zuletzt kam der Hase, der brachte Kohl und Grünkohl und allerlei gutes Essen.

Und der alte Mann freute sich, und die alte Frau freute sich. Sie verkauften die Schafe und wurden reich, und waren wunschlos glücklich. Der Strohstier aber stand auf dem Hof und ließ sich die Sonne auf den Bauch scheinen. Na, und da schmolz er dahin.

Frau Wind

Ein junger Bursche diente als Hirte bei einem Bauern. Dort erging es ihm schlecht: Nie bekam er etwas zu essen, den ganzen Tag saß er hungrig auf der Weide, und erst wenn er abends das Vieh heimtrieb, bekam er von irgendjemandem aus dem Dorf, der ein mitleidiges Herz hatte, ein Stück Brot.

Eines Sommertages, als gerade der Roggen blühte, kam ein Mädchen zu ihm, das war so schön, dass er sich gar nicht sattsehen konnte an ihr. Ihre Zöpfe waren gelöst und mit Haarbändern verziert. Sie trug ein weißes, besticktes Hemd und ein Korallenhalsband um den Hals. Und dieses schöne Mädchen brachte ihm zu essen: feines Weißbrot, wie er es nicht einmal zu Ostern gegessen hatte, dazu Käse, Butter, Wurst und Plinsen. Fortan kam sie jeden Tag und brachte ihm Essen. Und er gewann sie lieb. Doch immer, wenn er sie umarmen wollte, lief sie fort wie ein Vögelchen.

Doch wie erstaunte er und wie groß war seine Freude, als sie eines Tages zu ihm sprach: »Wenn du willst, dass ich die Deine werde, musst du ein geweihtes Kreuzchen auf mich werfen, dann werde ich nicht mehr davonlaufen.«

Da bat er im Dorf um ein Kreuzchen, und das warf er am andern Tag auf das Mädchen. Da sprach sie: »Nun bin ich dein und du bist mein. Und wenn es dein Wille ist, so nehme ich dich mit zu meinem Vater und wir heiraten dort.« Und ob der Bursche wollte! Ohne sie wollte er nicht mehr leben. Und er sagte: »Nimm mich mit dir, denn wo du hingehst, da will auch ich hingehen!«

Da wickelte sie ihn in ihre Zöpfe und flog mit ihm davon. Sie flogen und flogen, hoch oben im Himmel, und kamen endlich in ein schönes Haus hineingeflogen. Dort lebten ihr Vater und ihre beiden Schwestern. Der Bursche und das schöne Mädchen hielten Hochzeit, und es gab eine schöne Hochzeitsfeier. Nach dem Mahl fingen die Musiker an zu spielen, und der Tanz begann. Da bat ihn seine Braut: »Liebster, lass mich tanzen, bitte, erlaube es mir!« »Warum solltest du nicht tanzen?«, lachte der Mann. »Nur zu: Vergnüge dich und tanze!« Er ahnte ja nicht, was er damit auslöste. Seine Braut begann zu tanzen, aber kaum hatte sie sich einmal gedreht, packte der Vater sie am Arm und hielt sie an. »Wehe!«, sprach er und führte sie zu ihrem Mann. »Mein Sohn, lasse sie nie tanzen!«, sagte er. »Wenn du wüsstest, was sie damit anrichtet: Einmal gedreht, und der Sturm, den sie unten auf Erden entfacht, hat die Hälfte aller Wälder entwurzelt. Ja, wusstest du denn nicht, wer deine Frau ist?« Der junge Mann schüttelte den Kopf. »Deine Frau ist der Wind.«

Auch wer die beiden Schwestern waren, erfuhr der Bursche nun, die Schwester, die immer so düster dreinschaute, war der Donner. Und die andere, die so oft weinte, war der Regen.

Der Bursche aber war glücklich mit seiner Windsbraut. Nur tanzen – das erlaubte er ihr nicht wieder.

Unten auf Erden aber freuen sich die Menschen, wenn das Getreide blüht, auch heute noch auf Frau Wind. Denn wenn sie mit ihren gelösten Zöpfen auf die Felder kommt, gibt es eine gute Ernte.

Telessik, das hölzerne Kindlein

Es waren einmal ein Mann und eine Frau, die liebten sich sehr, und sie lebten einträchtig und zufrieden miteinander. Nur eines fehlte ihnen zu ihrem Glück: ein Kind. Und weil sie nicht mehr jung waren, hatten sie auch keine Hoffnung mehr, dass Gott ihnen noch ein Kind schenken würde.

Eines Tages sprach die Frau zu ihrem Mann: »Ich bitt' dich: Fahr für mich in den Wald und hol Holz, und dann bau mir eine Wiege und schnitz mir ein Hölzlein zurecht, dass es aussieht wie ein Kind. Dann kann ich es wiegen und ihm Schlaflieder vorsingen und es von Herzen liebhaben.« »Ach, Frau, was sind das wieder für Einfälle«, seufzte der Mann, aber dann ging er doch in den Wald, und er machte eine hübsche Wiege und schnitzte für seine Frau ein hölzernes Kindlein.

Ach, wie sich die Frau da freute! Sie wickelte ihr Holzkindlein in Tücher und legte es sanft in die Wiege. Dann schaukelte sie die Wiege und sang ein Lied, wie es ihr gerade so in den Sinn kam:

»Du Kindlein aus Holz,
Mein einziger Stolz,
Ich koch' dir ein Breilein fein,
Schlafe nun ein!«

Und so schaukelte und wiegte sie ihr Holzkindlein und sang, bis ihr leichter ums Herz war und sie selbst müde wurde. Dann legten sie sich zu Bette.

Als sie am andern Morgen in die Wiege schauten, da hatte sich das Holzkindlein in ein Bübchen verwandelt. Dort lag ihr kleiner Sohn, ein lebendes Kind aus Fleisch und Blut, mit blitzenden Äuglein. Die alten Leute freuten sich und waren überglücklich. Sie nannten ihren Sohn Telessik.

Der Mann und die Frau hatten viel Freude an ihrem Kind. Die

Jahre vergingen, und Telessik wurde ein schöner junger Bursche, und verständig war er auch. Nur größer wurde er nicht, aber was machte das schon. Da sprach er eines Tages: »Vater, mache mir ein goldenes Boot mit silbernen Rudern. Ich will Fische fangen. So kann ich euch zur Hand gehen, und wir müssen nie Hunger leiden. Und bleibt etwas vom Fang übrig, so können wir es verkaufen und etwas Geld beiseitelegen.«

Da machte der Vater ein goldenes Boot mit silbernen Rudern für Telessik. Sie brachten es an den Fluss, und Telessik ruderte los. Und fortan war er den ganzen Tag unterwegs auf Fischfang und ernährte so seine alten Eltern.

Zur Mittagszeit brachte ihm die Mutter stets das Essen an den Fluss. Dann rief sie ihn:

»Ans Ufer geschwind
Nun eile, mein Kind.
Das Essen dir bringt
Die Mutter, mein Kind!«

Und dann sprach Telessik zu seinem Boot:

»Fahre, mein Bötchen, ans Ufer!
Die Mutter mit dem Essen ist der Rufer!«

Und er fuhr ans Ufer, stärkte sich mit Speis und Trank, dann fuhr er wieder den Fluss hinab und fischte weiter. Aber die Mutter warnte ihn oft: »Hab gut acht, mein Sohn, und komme nur ans Ufer, wenn ich dich rufe! Hörst du eine fremde Stimme, so bleib auf dem Wasser und komme nicht.«

Doch eines Tages lag eine böse Natter im Gebüsch und belauschte die beiden. Und am andern Tag kroch sie zur Mittagszeit ans Ufer und zischte mit rauer Stimme:

»Ans Ufer geschwind
Nun eile, mein Kind.
Das Essen dir bringt
Die Mutter, mein Kind!«

Als Telessik das hörte, dachte er: »Das ist die Mutter nicht!«, und er sprach zu seinem Boot:

»Fahr weiter, mein Bötchen, und sei nun schlau!
Die Stimme der Mutter klingt nicht so rau!«

Und sein Bötchen fuhr weiter, und die böse Natter hatte das Nachsehen. Als sie unverrichteter Dinge davonkroch, dachte sie: »Warte, Bürschchen, dich werde ich noch überlisten!« Und sie kroch zum Schmied und sagte: »Du sollst mir eine Stimme schmieden, die so süß und sanft ist wie die von Telessiks Mutter!« Das tat der Schmied. Und am andern Tag kroch die Natter wieder ans Ufer und lockte:

»Ans Ufer geschwind
Nun eile, mein Kind.
Das Essen dir bringt
Die Mutter, mein Kind!«

Da dachte Telessik, es wäre die Stimme der Mutter, denn sie klang nun so süß und sanft wie die ihre. Und er sprach zu seinem Boot:

»Fahre, mein Bötchen, ans Ufer!
Die Mutter mit dem Essen ist der Rufer!«

Und er fuhr ans Ufer. Kaum aber war sein Bötchen dort angelangt, schnellte die Schlange empor, packte Telessik und riss ihn aus dem Boot. Dann umschlang sie ihn, dass er sich nicht mehr rühren konnte, und schleifte ihn zu ihrem Haus. Dort rief sie: »Aljonka, mein Töchterlein, öffne die Tür!« Die Tochter öffnete, und die Natter kroch mit dem armen Telessik hinein. »Aljonka, mein Schlängelchen, heize den Ofen ein! Und wenn er schön glüht, dann brate mir den Telessik. Und sieh zu, dass er schön knusprig wird! Derweil will ich losziehen und die Gäste zum Festschmaus laden.« Sprach's und kroch davon.

Aljonka machte sich daran, den Ofen zu heizen. Und als er ordentlich glühte, sagte sie: »So, Telessik, nun sollst du dich auf den Ofenschieber setzen.« »Ja, wie denn?«, fragte Telessik. »Ich weiß ja gar nicht, wie ich das anstellen soll!« »Dummes Kind!«, zischte die Tochter. »Los, setzt dich drauf!« Da legte Telessik einen Arm auf den Ofenschieber und fragte: »Soll ich es so machen?« »Nein, doch nicht so!«, zischte Aljonka. »Du musst dich ganz draufsetzen!« Da legte Telessik noch den Kopf auf den Ofenschieber. »Ist es so richtig?« »Nein, nicht richtig, gar nicht richtig!«, zischte Aljonka wütend. »Ganz draufsetzen, habe ich gesagt!« »Dann vielleicht so?«, fragte Telessik und legte ein Bein auf den Schieber. »Nein, nein, nein und nochmals nein!«, zischte Aljonka noch wütender. »Ach, ich weiß gar nicht, wie es gehen soll«, sagte Telessik, »dann zeig es mir doch!« »So geht das, du Dummkopf!«, schimpfte Aljonka wütend und setzte sich auf den Ofenschieber. Und hui schob Telessik sie in den Ofen und schlug die Ofenklappe zu. Dann ging er aus dem Haus, warf die Tür ins Schloss und kletterte auf einen hohen Ahornbaum, der im Hof stand. Und es dauerte nicht lange, da hörte er lautes Zischen. Die Natter kam mit ihren Gästen zurück und rief: »Aljonka, mein Töchterlein, öffne die Tür!« Aber alles blieb still. »Aljonka, mein Schlängelchen, öffne!« Nichts geschah. Da schimpfte die Natter: »Wo steckt das liederliche Ding nur wieder?«, und machte selbst die Tür auf und ging mit den Gästen hinein. Und als Aljonka immer noch nicht kam, holte die Schlange den Braten aus dem Ofen und setzte ihn den Gästen vor. Und sie schlugen sich die Bäuche voll und dachten, es wäre Telessik, den sie da aßen. Dann krochen sie hinaus in den Hof, wälzten sich im Grase und sagten:

»Jünglingsbraten, saftig-zart,
Das war ein Schmaus nach Natternart!«

Telessik aber rief vom Baum herab:

»Aljonka-Braten, saftig-zart,
Das war ein Schmaus nach Natternart!«

Die Schlangen horchten auf. Was hatten sie da gerade gehört? Aljonka-Braten? Wer sprach denn da zu ihnen? Sie krochen und spähten umher, endlich entdeckten sie Telessik oben im Ahornbaum. Da krochen sie herbei und schlugen ihre Zähne in den Baum und nagten und nagten, denn sie wollten ihn zu Fall bringen und sich dann auf Telessik stürzen. Aber sie brachen sich nur die Zähne aus. Da eilten sie zum Schmied, der sollte ihnen harte Zähne schmieden. Der Schmied gehorchte, und schon kamen die Nattern zurückgekrochen und nagten weiter, und nun splitterte das Holz nur so in alle Richtungen, und der Stamm wurde dünn und dünner, und Telessik bekam es mit der Angst zu tun. Da sah er plötzlich über sich eine Schar Gänse fliegen, und er rief flehend:

»Ach, ich weiß nicht ein noch aus,
Tragt mich doch zurück nach Haus!«

Die Gänse aber riefen:

»Ach, wir fliegen nur voran,
Frage doch die zweiten dann!«

Und sie flogen vorüber. Die Nattern aber nagten und nagten, und der Baum begann bereits zu zittern. Da sah Telessik über sich die zweite Schar Gänse fliegen, und er rief flehend:

»Ach, ich weiß nicht ein noch aus,
Tragt mich doch zurück nach Haus!«

Die Gänse aber riefen:

»Auch wir fliegen nur voran,
Frage doch die dritten dann!«

Und sie flogen vorüber. Die Nattern aber nagten und nagten, und der Baum begann bereits zu wanken. Gleich würde Telessik herunterstürzen. Da sah er die dritte Schar Gänse daherfliegen, und er rief flehend:

»Ach, ich weiß nicht ein noch aus,
Tragt mich doch zurück nach Haus!«

Die Gänse aber riefen:

»Auch wir fliegen nur voran,
Frage doch die letzte dann!«

Und sie flogen vorüber. Nun aber wankte der Baum so sehr, dass Telessik sich schon verloren glaubte. Doch da sah er oben am Himmel eine einsame Gans, die mutterseelenallein den anderen hinterherflog und so erschöpft schien, dass sie die Flügel kaum mehr heben konnte. »Oh weh, wie soll diese Gans mich retten können?«, dachte Telessik, aber dann rief er flehend:

»Ach, ich weiß nicht ein noch aus,
Trag mich doch zurück nach Haus!
Zeige doch ein gutes Herz
Und rett' mich vor dem Todesschmerz!«

Und diese letzte Gans, die doch schon so matt und müde war, rief:

»Steig auf! Steig auf!«,

und flog zu ihm herab. Telessik kletterte auf ihren Rücken, und sie erhob sich mit ihm. Aber ach, ihre Kräfte reichten nicht, um hoch in den Himmel zu steigen, und so flog sie mit Telessik dicht über dem Boden, und die Natternbrut setzte ihnen nach und schnappte schon nach Telessik. Aber in der Not gelang es der Gans doch noch, ein wenig höher zu steigen, und so brachte sie Telessik mit letzter Kraft nach Haus und setzte ihn dort heil im Hof ab. Dann watschelte sie dort herum und stärkte sich im grünen Gras.

Telessik aber sog den Duft ein, der ihm vom offenen Fenster her in die Nase stieg, und seufzte: »Hach, wie das duftet! Mutters Pastetchen!« Gerade zog sie die Pastetchen aus dem Ofen und sagte: »Ein Pastetchen für dich, Väterchen, und eins für mich!« »Und für mich?«, rief Telessik da über den Hof. Die Mutter aber war ein wenig taub geworden und zog weiter die Pastetchen aus dem Ofen: »Eins für dich und eins für mich!« »Und für mich?«, rief Telessik da noch lauter. Da horchten die alten Leute auf. Da war doch etwas?! »Väterchen, sag: Hat da nicht grad wer gerufen?«

»Ach, Frau, was bildest du dir nur wieder ein, ich habe nichts gehört«, sagte der Alte. Also machte sie weiter mit den Pastetchen: »Und eins noch für dich und eins noch für mich.« »Und für mich?«, brüllte Telessik. »Jetzt hat aber wirklich jemand gerufen!«, sagte die Mutter und trat ans Fenster. Und da sah sie ihren Telessik im Hof!

Und so schnell sie laufen konnten, eilten die alten Eltern auf den Hof: »Telessik!«, und sie herzten und küssten ihn. Dann gingen sie überglücklich ins Haus, und Telessik fing an zu erzählen. Da schaute die Mutter durchs Fenster und sah im Hof die Gans watscheln und sagte: »Na, die kommt uns ja wie gerufen, so ein feines Gänschen! Ich werde sie fangen und einen Festtagsbraten aus ihr machen, und dann feiern wir unser Wiedersehen!« »Nur nicht, Mütterchen!«, rief Telessik. »Diese Gans war es ja, der wir unser Wiedersehen verdanken! Hätte sie mich nicht vom Baum gerettet, so hätte mich die Natternbrut verschlungen. Sie soll bei uns bleiben, solange sie will, und wir wollen ihr gutes Futter und zu trinken geben.« Da streuten sie Hafer und Gerste in den Hof und stellten auch eine Schale Wasser daneben, und die Gans stärkte sich. Ein paar Tage blieb sie noch. Dann flog sie weiter.

Vom Armen und vom Rabenkönig

Vor Zeiten lebte ein armer alter Mann, der hatte eine Frau und viele Kinder. Und alles, was er besaß, waren seine ärmliche kleine Hütte, ein schmaler Ackerstreifen und zwei kleine Ochsen. Davon aber konnte er seine Familie kaum ernähren, und seine Kinder weinten und schrien vor Hunger.

Eines Tages pflügte der Mann seinen kleinen Acker, und er hatte auch seinen jüngsten Sohn mitgenommen. Wie er so die Furchen zog, verdunkelte sich mit einem Mal der Himmel, und es wurde über ihm finster wie die Nacht. Und als er verwundert den Kopf hob, sah er etwas wie eine dunkle Wolke über sich, die den Himmel bedeckte. Die kam immer näher, und da sah er, dass es ein großer schwarzer Vogel war, ein riesiger Rabe. Sein schrecklicher Schnabel war spitz wie ein Spieß und seine schrecklich langen Krallen krümmten sich wie eiserne Haken. Seine Flügel aber waren so riesig, dass sie die Sonne verdeckten. Der Mann erschauderte vor Angst.

Der Riesenvogel aber kam geradewegs auf den kleinen Acker herabgeflogen. Und er war so groß, dass er mit seinen Flügeln alles bedeckte: den Mann, den Sohn, die Ochsen und den Pflug. Dunkel war's nun, ganz dunkel. Und wie erschrak der Mann erst, als der Riesenvogel mit krächzender Stimme zu sprechen begann: »Was soll ich mir nehmen: die Ochsen oder dein Kind? Nun sag schon, ich muss rasch zurück, meine Kinder haben großen Hunger und brauchen einen ordentlichen Happen!«

»Verschone meinen Sohn und die Ochsen, nimm mich!«, stieß der Mann hervor. »Ich bin schon alt, mein Sohn aber hat sein Leben noch vor sich. Und ohne die Ochsen können wir nicht überleben.« Aber der Riesenvogel sagte: »Nein, dich will ich nicht, du hast dein Leben lang Tabak geraucht, dein Fleisch ist schon wie geräuchert, davon würden meine Kinder krank. Entscheide dich: Ochsen oder Sohn.« Da dachte der arme Mann: »Wenn ich den jüngsten Sohn hergebe, bleiben mir immer noch zwei Söhne, die mir zur Hand gehen können. Ochsen aber habe ich nur zwei. Wenn ich die weggebe, weiß ich nicht, wie ich die Familie ernähren soll. Wie soll ich ohne sie pflügen? Wie soll ich ohne sie Brennholz herbeischaffen?« »Nun mach schon, sag es!«, unterbrach der schreckliche Vogel seine Gedanken. »Wen soll ich mir nehmen?« Und vor Ungeduld begann er, in der Erde zu kratzen und zu scharren. Und als der Mann die schrecklichen Krallen sah, wusste er: »Diesen Krallen kann ich meinen Sohn nicht ausliefern!« Und er sagte: »So nimm denn die Ochsen!«

Da antwortete der Vogel, und seine Stimme klang nun mit einem Mal nicht mehr ganz so schrecklich: »Dein Glück, dass du die Ochsen gewählt hast und nicht deinen Sohn. Denn sonst hätte ich dennoch die Ochsen genommen und dich noch dazu. Aber nun sollst du wissen: Für die Ochsen sollst du reichen Lohn bekommen. Schicke einen deiner Söhne zu mir auf mein Schloss. Und ich will ihm alles geben, was er sich wünscht.« »Gut«, sagte der Mann, »ich danke dir, aber sag mir, wo es ist, dein Schloss.« »Nun, es steht hinter grünen Gebirgswiesen und dichten, dunklen Wäldern auf einer silbernen Lichtung. Dein Sohn soll nach dem Rabenkönig fragen, dann findet er mich und mein Schloss.« Dann packte der Rabenkönig mit seinen schrecklichen Krallen die Ochsen samt Pflug und flog mit ihnen davon.

Traurig ging der arme Mann nach Hause. Dort fragte die Frau sogleich: »Wo sind die Ochsen hin?« Und als der Mann erzählte, was geschehen war, brach sie in Tränen aus und sagte: »Ach, was soll nur aus uns werden? Wie sollen wir pflügen, wie die Ernte einfahren? Ach, wir werden gar keine Ernte haben, ohne Ochsen! Was machen wir nur?«

Da tröstete sie der älteste Sohn: »Weine nicht, Mutter, ich werde zum Rabenkönig gehen und den versprochenen Lohn einfordern. Dann können wir uns neue Ochsen kaufen. Und komme ich nicht wieder, habt ihr ein hungriges Maul weniger zu stopfen.« »Nein, geh nicht fort! Der schreckliche Vogel wird dich verschlingen!«, rief die Mutter, aber der Sohn bestand darauf, er werde zum Rabenkönig gehen. Und so buk sie ihm einen Fladen als Wegzehrung, steckte ihm auch noch eine Zwiebel und eine Flasche Wasser zu, und dann machte sich der älteste Sohn auf die Suche nach dem Rabenkönig.

Er wanderte über grüne Gebirgswiesen und kam endlich an einen dichten, dunklen Wald. »Das wird wohl der Wald sein, von dem der Rabenkönig gesprochen hat«, dachte der Sohn. »Nun, da muss ich wohl durch«, und er ging hinein. Düster war's, ganz düster, und unheimlich. Und er irrte umher. Schließlich überkam ihn der Hunger, und er setzte sich hin und holte seine Wegzehrung aus dem Quersack. Gerade als er in seinen Fladen beißen wollte, sah er vor sich einen alten Raben, der hinkte mühselig auf einem Bein daher und sprach: »Guten Tag, mein Sohn, ich wünsche dir Glück!« »Danke, gleichfalls!«, sagte der älteste Sohn und hoffte, dass der Rabe endlich weiterhüpfte, damit er in Ruhe essen könne.

Aber der Rabe hüpfte näher und bat: »Gib mir einen Bissen Brot! Ich habe Hunger!« »Such dir selbst dein Essen«, erwiderte der älteste Sohn, »wirst schon was im Wald hier finden. Ich habe auch Hunger, und die Mutter hat mir nur wenig mitgegeben, und mein Weg ist noch weit. Nichts für ungut …«, dann wollte er endlich in seinen Fladen beißen, aber da fragte der Rabe: »Wohin führt dich dein Weg, mein Sohn?« »Na, ich suche die silberne Lichtung, mit dem Schloss des Rabenkönigs, ich will zu ihm.«

»Das trifft sich gut«, sagte der alte Rabe, »denn da will ich ja auch hin. Aber meine Flügel sind lahm, und mein eines Bein ist es auch. Kannst du mich nicht auf deine Schulter nehmen und mich ein wenig tragen? Ich will dir den Weg weisen!« Aber der älteste Sohn entgegnete: »Ich kann dich nicht tragen, ich bin ja selbst schon ganz lahm vom vielen Umherirren.« Da schaute der alte, lahme Rabe ihn traurig an, breitete seine Flügel aus und flog davon.

»So einer bist du also!«, rief ihm der älteste Sohn wütend hinterher. »Wolltest mich hinters Licht führen und faul auf meiner

Schulter reisen! Na, das hast du dir so gedacht.« Dann biss er endlich in sein Fladenbrot, und als er den gröbsten Hunger gestillt hatte, legte er den Rest in seinen Quersack und machte sich wieder auf die Suche.

Doch sosehr er auch suchte, er fand die silberne Lichtung nicht, und auch nicht das Rabenschloss. Er irrte im Wald umher und fand nicht mehr heraus.

Daheim warteten die armen Eltern vergeblich auf ihren ältesten Sohn. Tage und Wochen vergingen, aber er kam und kam nicht. Da sprach der mittlere Sohn: »Ich will ausziehen und den Bruder suchen. Vielleicht finde ich ja die silberne Lichtung mit dem Schloss des Rabenkönigs, und kann den versprochenen Lohn holen. Also, Mütterchen, back mir einen Fladen, und dann breche ich auf.« »Nein, geh nicht, mein Sohn!«, sagte die Mutter. »Wir werden schon irgendwie über die Runden kommen, auch ohne den Lohn. Aber wenn wir dich auch noch verlieren … Und so Gott will, kommt der Bruder zurück. Wer weiß, vielleicht steht er morgen schon vor der Tür.« Aber sie konnte den mittleren Sohn nicht von seinem Vorhaben abbringen, und so buk sie auch ihm einen Fladen, steckte noch eine Zwiebel und eine Flasche Wasser hinzu und ließ ihn ziehen.

Und der mittlere Sohn wanderte über grüne Gebirgswiesen und geriet endlich auch in jenen dichten dunklen Wald. Und als er sich hungrig niedersetzte und in seinen Fladen beißen wollte, sah er plötzlich einen alten Raben, der hinkte mühselig auf einem Bein daher und bat: »Gib mir einen Bissen Brot! Ich habe Hunger!« »Den Teufel werd' ich tun«, sagte der mittlere Sohn, »dein Rabenkönig hat uns die einzigen beiden Ochsen gestohlen, soll der dir doch zu essen geben!« Da sprach der alte Rabe: »Dann bitt ich dich: Nimm mich auf deine Schulter und trage mich ein wenig, denn meine Flügel sind lahm, und mein eines Bein ist es auch.« Aber der mittlere Sohn entgegnete: »Soll dich doch dein Rabenkönig auf die Schulter nehmen.« Da schaute der alte, lahme Rabe ihn traurig an, breitete seine Flügel aus und flog davon. »Na, sieh mal einer an!«, wunderte sich der mittlere Sohn, dann packte er die Reste in seinen Quersack und ging weiter. Aber sosehr er auch suchte, er fand und fand die silberne Lichtung nicht und auch nicht das Rabenschloss. Er fand nicht einmal mehr aus dem Wald heraus.

Vergebens warteten die traurigen Eltern auf ihre Söhne. Schließlich sprach der jüngste Sohn: »Mutter, back mir einen Fladen. Ich kann nicht anders: Ich muss fortziehen und die beiden Brüder suchen. Sicher haben sie sich irgendwo im Wald verlaufen. Ich werde sie finden, und den Rabenkönig auch! Und dann komme ich wieder, mit den Brüdern und mit dem versprochenen Lohn! Du wirst sehen, es wird schon alles gut werden!« Die arme Mutter weinte bittere Tränen, dass sie ihren Jüngsten auch noch verlieren sollte, und sie flehte, wenigstens er möge doch bleiben. Aber der Jüngste bestand darauf: »Es muss sein!« Und so buk sie auch ihm einen Fladen, steckte noch eine Zwiebel und eine Flasche Wasser hinzu und ließ ihn ziehen.

Und der jüngste Sohn wanderte über grüne Gebirgswiesen und geriet endlich in jenen dichten, dunklen Wald. Da bekam er Hunger, setzte sich hin und packte seine Wegzehrung aus. Er wollte gerade in seinen Fladen beißen, da sah er vor sich einen alten Raben, der hinkte mühselig auf einem Bein daher und sprach: »Gib mir einen Bissen Brot! Ich habe Hunger!« »Da, nimm nur«, sagte der Jüngste und reichte ihm ein großes Stück von seinem Fladen, »gemeinsam isst es sich besser.« »Gibst du mir auch einen Bissen von deiner Zwiebel?«, fragte der Rabe. »Na, wenn du magst, da, nimm nur! Es reicht ja für uns beide.«

Der Rabe aß die gereichten Bissen, sagte Dank und fragte: »Wohin führt dich dein Weg, mein Sohn?« »Ich suche die silberne Lichtung mit dem Schloss des Rabenkönigs, ich will zu ihm. Und ich suche meine beiden Brüder, denn auch sie haben den Rabenkönig gesucht und sind nicht zurückgekommen.« »Kannst du mich nicht auf deine Schulter nehmen und mich ein wenig tragen?«, fragte der alte Rabe. »Meine Flügel sind lahm, und mein eines Bein ist es auch.« »Na, warum nicht?«, sagte der Jüngste und setzte den Raben auf seine Schulter. Da sprach der Rabe:

»So wisse: Aus diesem Wald ist kein Mensch je wieder lebend herausgekommen. Ich aber will dir den Weg weisen!«

Und so ging der Jüngste weiter, und der Rabe hockte auf seiner Schulter und rief: »Hier links! Da nach rechts! Und jetzt geradeaus!«, und so wanderten sie zwei ganze Tage und zwei ganze Nächte, dann wurde es heller und heller, und sie gelangten an eine große Lichtung. Wie herrlich es dort aussah! Das Gras, die Blumen, die Steine, ja selbst die Schmetterlinge und Vögel: Alles war ganz aus Silber. Mitten in der Lichtung aber ragte ein hoher silberner Felsen empor. Und oben auf seinem Gipfel stand ein prächtiges Schloss, das strahlte und glänzte in der Morgensonne. So etwas Schönes hatte der Jüngste noch nie gesehen. »Wunderbar, das muss das Rabenschloss sein! Wir sind fast am Ziel!«, rief der Jüngste. »Nun wollen wir uns für den Aufstieg stärken und unsere Reste verzehren.«

Also setzten sie sich am Saum der Lichtung nieder und aßen und tranken, was noch übrig war. Dann sprach der Rabe: »Du findest nun auch ohne mich hinauf zum Schloss meines Königs. Und weil du so gut zu mir warst, will ich dir einen Rat geben: Wenn mein König dich fragt, welchen Lohn du für die Ochsen haben willst, so bitte um nichts anderes als um das, was er sich beim Schlafen unter den Kopf legt. Hörst du: um nichts anderes, sosehr seine Schätze dich auch verlocken mögen! Nun aber leb wohl, mein Sohn, ich wünsche dir Glück!« Dann schwang sich der Rabe hoch in die Luft und flog davon.

Der jüngste Sohn aber kletterte auf den Felsen hinauf. Und als er oben auf dem Gipfel anlangte, nahmen ihn sogleich die Wachen in Empfang und führten ihn vor ihren König. Dort saß er in einer silbernen Halle auf einem silbernen Thron und regierte sein Rabenvolk. »Du hast also den Weg hergefunden. Wie ist's möglich, wo doch noch nie jemand aus dem dunklen, dichten Wald herausgefunden hat?« »Ach, ich traf gute Menschen, die haben ihn mir gewiesen«, log der Jüngste, denn er wollte den alten Raben nicht verraten. »Da du nun einmal hier bist, so sollst du den Lohn für die beiden Ochsen empfangen, denn ich halte mein

Wort. Gehe also durch meine Gemächer und suche dir aus, was dir am besten gefällt. Das darfst du dann nehmen.«

Und so ging der jüngste Sohn drei Tage lang durch die königlichen Gemächer, und eines war prächtiger als das andere. Reichtümer sah er da, dass es nicht zu fassen war. Und am dritten Tage hatte er immer noch nicht alle Zimmer des Schlosses gesehen.

Da ging er zum Rabenkönig und sprach: »Herrliche Gemächer hast du, oh Rabenkönig, und viele Schätze nennst du dein Eigen. Doch ich möchte dich um nichts anderes bitten als um das, was du dir beim Schlafen unter den Kopf legst.« Oh, da wurde der Rabenkönig aber wütend! »Woher weißt du davon? Wer hat dir das gesagt?«, krächzte er mit durchdringender Stimme und befahl: »Alle Raben, die den Jungen durch die Gemächer geführt haben: Kopf ab!« Dann versuchte er den jüngsten Sohn umzustimmen und sagte: »Ich will dir die beiden größten Ochsen meines Reiches geben und ein Fuhrwerk, vollgeladen mit Gold!« »Nein, das will ich nicht«, sagte der Jüngste. Da sprach der Rabenkönig: »Dann nimm meinetwegen alles miteinander, was du in den Gemächern gesehen hast.« »Nein, das will ich nicht«, sagte der Jüngste, »gib mir das, was du dir beim Schlafen unter den Kopf legst.«

Da musste der Rabenkönig seiner Bitte nachkommen. Und er holte unter seinem Ruhekissen eine winzig kleine Handmühle hervor. Dann schrie er wütend: »Da, nimm, und jetzt geh mir aus den Augen! Sonst zerhacke ich dich in Stücke!«, und reichte ihm die Mühle.

Der jüngste Sohn erschrak und wunderte sich über die kleine Mühle, aber er steckte sie rasch in seinen Quersack und eilte aus dem Schloss, denn er traute dem Rabenkönig nicht und fürchtete sich vor ihm. Dann floh er, so rasch ihn die Beine trugen, aus dem Rabenreich. Erst als er wieder in dem dunklen, dichten Wald war, hielt er inne und setzte sich hin, um zu verschnaufen. Dann suchte er in seinem Quersack nach seiner Wegzehrung, ob noch ein Restchen darin wäre, aber es war kein einziger Bissen übriggeblieben. »Ach, ich hätte mir lieber etwas anderes im Schloss aussuchen sollen, Essen und Gold und Edelsteine, dann hätte ich nie wieder Hunger leiden müssen, und auch Vater und Mutter, die Brüder und Schwestern nicht«, seufzte er, »ach, hätte ich doch nicht auf den Raben gehört. Was soll ich nur mit dieser winzig kleinen Mühle?« Er nahm sie aus dem Quersack, stellte sie vor sich hin und betrachtete sie. Dann aber überlegte er: »Was ist nur mit dieser Mühle, dass der Rabenkönig sie nicht hergeben wollte und mir dafür lieber all seine Schätze gegeben hätte?«

Und weil ihm vor Hunger schon der Bauch wehtat, dachte er: »Ach säße ich doch hier vor einem reich gedeckten Tisch wie im Schloss des Rabenkönigs!«, und drehte gedankenverloren die kleine Kurbel der Mühle, während er sich die köstlichen Speisen ausmalte, die er im Rabenschloss genossen hatte. Und da stand mit einem Mal ein reich gedeckter Tisch vor ihm – mit ebenjenen Speisen, von denen er gerade geträumt hatte. »Sieh einer an, was meine Mühle kann!«, rief er voller Erstaunen und Freude. Aber dann musste er an Vater und Mutter und die Schwestern daheim denken und an seine verlorenen Brüder, die alle Hunger und Not litten, und er seufzte: »Ach, wären sie doch alle hier bei mir!« Und kaum hatte er die Worte gesagt, da saß die ganze Familie vereint am Tische. Wie sich da alle freuten! Überglücklich fielen sie sich in die Arme und schmausten nach Herzenslust und standen erst von der Tafel auf, als sie alles aufgegessen hatten. Dann machten sie sich gemeinsam auf den Weg nach Hause.

Dort lebten sie nun in Glück und in Freuden, und alles, was das Herz begehrte, das mahlte ihnen die kleine Mühle aus dem Schloss des Rabenkönigs.

Wie? Ihr glaubt mir nicht? Na, dann geht doch zu ihnen und seht selbst!

Vom Glück, das auf die alten Tage kam

Es waren ein junger Bursche und ein schönes junges Mädchen, die hielten Hochzeit. Sie lebten gut miteinander. Eines Tages aber hörten sie eine Stimme durchs Fenster, die fragte: »Was wollt ihr: Soll das Glück jetzt zu euch kommen oder auf die alten Tage?«

Da antwortete der Bursche: »Wenn Gott uns eine Bürde auferlegen will, so soll es lieber jetzt sein, und das Glück soll auf die alten Tage kommen.« Und in dem Augenblick brach ein Feuer aus, und ihr Haus brannte ab. Sie konnten gerade noch ihre nackte Haut retten.

Die Eltern des Burschen aber waren reich, und so bauten sie dem jungen Ehepaar ein neues Haus. Doch es dauerte nicht lange, da brannte ihnen auch dieses Haus ab. Die Eltern griffen den jungen Leuten erneut unter die Arme und bauten ihnen noch einmal ein neues Haus. Doch es war wie verhext: Wieder brach Feuer aus, und so brannte ihnen zum dritten Mal das Haus ab.

Da sagten die Eltern: »Sohn: Wir wissen nicht, warum dir dieses Leid geschieht, und es tut uns leid, aber noch ein Haus werden wir dir nicht bauen.« Da blieb dem jungen Mann nichts anderes übrig: Er baute, so gut es eben ging, selbst eine kleine Hütte für sich und seine Frau. Darin mussten sie nun leben.

Auf eine Zeit gingen sie in den Wald und suchten Brennholz. Auf dem Heimweg fuhr ihnen ein reicher Herr entgegen. Und als er sah, dass die junge Frau überaus schön war, hielt er die Pferde an und sagte zu dem jungen Mann: »He, du, verkauf mir die Frau.« »Nein! Nie und nimmer!«, rief der junge Mann. Aber da sagte der Herr: »Nun, dann muss ich sie mir wohl mit Gewalt nehmen«, sprang vom Wagen, packte die Frau und stieg mit ihr auf den Wagen. Dann warf er dem jungen Mann einen Geldgürtel vor die Füße. Die junge Frau aber zog rasch einen Ring vom Finger, brach ihn entzwei und rief unter Tränen: »Liebster, nimm den halben Ring. Eines Tages, wenn beide Hälften zusammenkommen, werden auch wir wieder zueinanderfinden.« Darauf warf sie ihm den halben Ring zu, und der reiche Herr trieb die Pferde mit der Peitsche an und fuhr mit ihr fort.

Der junge Mann aber stand da und wusste nicht, wie ihm geschah. Er hob den halben Ring auf, nahm den Geldgürtel und legte seine Ringhälfte hinein. Und dann setzte er sich hin und weinte. Und vor Erschöpfung schlief er schließlich ein. Nun war dies aber ein Geldgürtel von roter Farbe, und ein Rabe, der vorbeiflog und ihn erblickte, hielt ihn für ein Stück Fleisch. Und da kam er herabgeflogen, packte ihn und flog damit fort. Er trug ihn in sein Nest, das in einer mächtigen Eiche gelegen war.

Als der junge Mann aufwachte, war der Geldgürtel fort, und damit auch die Ringhälfte. Er weinte sich aus, dann stand er auf und ging zurück in die Hütte. Was sollte er nun tun? Wie weiterleben? Er beschloss fortzugehen und wurde Zimmermann.

Der reiche Herr nahm das schöne junge Mädchen, ob sie wollte oder nicht, zur Frau. Die Jahre gingen ins Land, und eines Tages starb der reiche Herr. Nach geraumer Zeit wollte die Herrin, das schöne junge Mädchen von einst, ein neues Zimmer anbauen, und sie bestellte Zimmermannsleute. Auch ihr Liebster war darunter. Doch sie erkannten einander nicht. Sie schickte ihn mit ihren Arbeitern in den Wald, um einen großen Baum zu fällen. Da zeigte er auf eine mächtige Eiche, die sollten die Arbeiter fällen. Und als die Eiche umfiel, so fiel da ein Nest heraus, ihm geradewegs vor die Füße, und in dem Nest war der Geldgürtel.

Die Arbeiter aber, die den Baum gefällt hatten, liefen hinzu und riefen: »Der gehört uns! Unser Wald – unser Geld.« Er aber sagte: »Nein, das ist mein Geldgürtel.« Und sie stritten darum. Schließlich gingen sie zu der Herrin, damit diese Recht spreche. Sie fragte den Mann: »Warum sagst du, dass der Geldgürtel dir gehört?« Da sagte er: »Vor vielen Jahren stahl mir ein reicher Herr meine Frau, und er gab mir für sie diesen Geldgürtel.« »Kannst du das beweisen?«, fragte sie. »Ja«, sagte er, »bevor meine Frau mit dem reichen Herrn fortfuhr, brach sie einen Ring entzwei und gab mir eine Hälfte. Und die habe ich in diesen Geldgürtel getan.«

Da öffnete die Herrin den Geldgürtel, holte das Geld hervor – und die Ringhälfte. Schweigend ging sie ins Haus, schweigend kehrte sie zurück. Dann trat sie vor den Mann, öffnete die Hand, und darin lagen beide Ringhälften. Und beide passten zueinander.

Da fielen sie sich in die Arme und küssten sich, und waren fortan glücklich miteinander.

Und sie leben auch heute noch und kauen Brot.

Quellenangaben

Die Märchen in diesem Buch liegen aus gestalterischen und sprachlichen Gründen überwiegend in der Bearbeitung oder Erzählfassung von Michaela Brinkmeier vor.

Helden und Abenteuer

Och

Löwis of Menar, August von: Russische Volksmärchen. Jena: Eugen Diederichs 1927. Bearbeitung von Michaela Brinkmeier.

Der kleine Schafhirte

Shartse, Olga (Hg.): Ukrainian Folk Tales. Kiew: Verlag Dnipro 1974. Dort: The little Shepherd. Übersetzung und Erzählfassung von Michaela Brinkmeier.

Der Gerber Kirilo

Rylski, M.: Ukrainische Volksmärchen illustrierte Ausgabe. Berlin: Verlag Kultur und Fortschritt 1949. Dort: Der Gerber Cyrillus.
Barillot, Mimi (Hg.): Die Sonnenrose. Ukrainische Märchen. Berlin: Verlag Kultur und Fortschritt [2]1970. Erzählfassung von Michaela Brinkmeier.

Kullererbse

Rylski, M.: Ukrainische Volksmärchen illustrierte Ausgabe. Berlin: Verlag Kultur und Fortschritt 1949. Dort: Kullerkorn.
N. N. (Hg.): Der gute Held. Märchen der Völker der Sowjetunion. Berlin: Verlag Kultur und Fortschritt 1954. Erzählfassung von Michaela Brinkmeier.

Boris Dreiersohn

Heller, Lotte / Surowzowa, Nadija (Hg.): Ukrainische Volksmärchen. Wien, Berlin: Rikola Verlag 1921. Dort: Boris, dreier Väter Sohn. Erzählfassung von Michaela Brinkmeier.

Das fliegende Schiff
Löwis of Menar, August von: Russische Volksmärchen. Jena: Eugen Diederichs 1927. Leicht bearbeitet von Michaela Brinkmeier.

Die Zarentochter Frosch
Löwis of Menar, August von (Hg.): Russische Volksmärchen. Jena: Eugen Diederichs 1927. Bearbeitung von Michaela Brinkmeier.

Das Schilfrohrmädchen
N. N. (Hg.): Das Wunder des Steinbergs. Ukrainische Volksmärchen aus den grünen Karpaten. Kiew: Verlag Dnipro 1987. Erzählfassung von Michaela Brinkmeier.

Klugheit und List

Das Geschenk für den Vater
Barillot, Mimi (Hg.): Die Sonnenrose. Ukrainische Märchen. Berlin: Verlag Kultur und Fortschritt ^{2}1970. Erzählfassung von Michaela Brinkmeier.

Der Zar und der Engel
Bain, Robert Nisbet (Hg.): Cossack fairy tales and folk-tales. Selected, edited and translated by R. Nisbet Bain. New York: A. L. Burt Company, Publishers 1894. Dort: The Czar and the angel. Übersetzung und Bearbeitung von Michaela Brinkmeier.

Wie das Feuer in den Stein gekommen ist
Dähnhardt, Oskar (Hg.): Naturgeschichtliche Volksmärchen. Leipzig, Berlin: B. G. Teubner Verlag ^{7}1925.

Vaters Tochter und Mutters Tochter
Löwis of Menar, August von (Hg.): Russische Volksmärchen. Jena: Eugen Diederichs 1927. Leicht bearbeitet von Michaela Brinkmeier.

Sjerko
Rylski, M.: Ukrainische Volksmärchen illustrierte Ausgabe. Berlin: Verlag Kultur und Fortschritt 1949. Erzählfassung von Michaela Brinkmeier.

Der Hammel und der Ziegenbock
Barillot, Mimi (Hg.): Die Sonnenrose. Ukrainische Märchen. Berlin: Verlag Kultur und Fortschritt ^{2}1970.
Boiko, Wolodymyr (Hg.): Das fliegende Schiff. Ukrainische Volksmärchen. Kiew: Verlag Dnipro ^{3}1983. Dort: Der Ziegenbock und der Schafbock. Erzählfassung von Michaela Brinkmeier.

Der Heiltrank
Gesse, N. / Sadunaiskaja, S. (Hg.): Das Luchsfellchen. Märchen slawischer Völker. Berlin: Der Kinderbuchverlag ^{2}1985. Dort: Der Schweigetrank. Erzählfassung von Michaela Brinkmeier.

Der schönere Traum
Rylski, M.: Ukrainische Volksmärchen illustrierte Ausgabe. Berlin: Verlag Kultur und Fortschritt 1949. Erzählfassung von Michaela Brinkmeier.

Wie der Bauer mit dem hochmütigen Gutsherrn zu Mittag aß
N. N. (Hg.): Die goldene Schale und andere Märchen der Völker der Sowjetunion. Moskau: Verlag Progress o. J. Erzählfassung von Michaela Brinkmeier.

Vom Miteinander

Der Fäustling
Barillot, Mimi (Hg.): Die Sonnenrose. Ukrainische Märchen. Berlin: Verlag Kultur und Fortschritt ^{2}1970.
N. N. (Hg.): Der Strohstier. Ukrainische Volksmärchen. Kiew: Verlag Wesselka 1988. Dort: Der Handschuh. Erzählfassung von Michaela Brinkmeier.

Der Herr Kater
Lintur, P. V. (Hg.): Ukrainische Volksmärchen. Berlin: Akademie Verlag 1972.
Barillot, Mimi (Hg.): Die Sonnenrose. Ukrainische Märchen. Berlin: Verlag Kultur und Fortschritt ^{2}1970. Erzählfassung von Michaela Brinkmeier.

Die Schatulle

Bain, Robert Nisbet (Hg.): Cossack fairy tales and folk-tales. Selected, edited and translated by R. Nisbet Bain. New York: A. L. Burt Company, Publishers 1894. Dort: The ungrateful children and the old father who went to school again. Übersetzung und Erzählfassung von Michaela Brinkmeier.

Die drei Brüder und ihr Ziehvater

Rylski, M.: Ukrainische Volksmärchen illustrierte Ausgabe. Berlin: Verlag Kultur und Fortschritt 1949. Dort: Die drei Brüder. Erzählfassung von Michaela Brinkmeier.

Wahrheit und Lüge

Rylski, M.: Ukrainische Volksmärchen illustrierte Ausgabe. Berlin: Verlag Kultur und Fortschritt 1949.
Lintur, P. V. (Hg.): Ukrainische Volksmärchen. Berlin: Akademie Verlag 1972. Dort: Die Wahrheit und die Lüge. Erzählfassung von Michaela Brinkmeier.

Zwei Brüder

Evanishen, Danny (Hg.): Yalynka and other Ukrainian folk tales retold in English. Summerland, BC: Ethnic Enterprises Publishing Division 2002. Übersetzung und Erzählfassung von Michaela Brinkmeier.

Die Macht des Schicksals

Der arme Bauer und der Wind

Bain, Robert Nisbet (Hg.): Cossack fairy tales and folk-tales. Selected, edited and translated by R. Nisbet Bain. New York: A. L. Burt Company, Publishers 1894. Dort: The story of the wind. Übersetzung und Bearbeitung von Michaela Brinkmeier.

Die Sorgenkobolde

Heller, Lotte / Surowzowa, Nadija (Hg.): Ukrainische Volksmärchen. Wien, Berlin: Rikola Verlag 1921.
Wille, Hermann Heinz (Hg.): Das Märchenschiff. Volksmärchen aus der weiten Welt. Gotha: Engelhard-Reyher-Verlag 1949. Erzählfassung von Michaela Brinkmeier.

Verfolgte Unschuld
Heller, Lotte / Surowzowa, Nadija (Hg.): Ukrainische Volksmärchen. Wien, Berlin: Rikola Verlag 1921.
N. N. (Hg.): Die Wunderblume und andere Märchen. Berlin: Verlag Kultur und Fortschritt 1964. Erzählfassung von Michaela Brinkmeier.

Unverhofftes Glück

Das Glücksmädchen
Löwis of Menar, August von (Hg.): Russische Volksmärchen. Jena: Eugen Diederichs 1927. Bearbeitung von Michaela Brinkmeier.

Der Strohstier
Bain, Robert Nisbet (Hg.): Cossack fairy tales and folk-tales. Selected, edited and translated by R. Nisbet Bain. New York: A. L. Burt Company, Publishers 1894. Dort: The straw ox. Übersetzung und Erzählfassung von Michaela Brinkmeier.

Frau Wind
Mykytiuk, Bohdan (Hg.): Ukrainische Märchen. Düsseldorf / Köln: Eugen Diederichs Verlag 1979. Erzählfassung von Michaela Brinkmeier.

Telessik, das hölzerne Kindlein
Barillot, Mimi (Hg.): Die Sonnenrose. Ukrainische Märchen. Berlin: Verlag Kultur und Fortschritt [2]1970.
Tantzscher, Monika (Hg.): Die fliegende Truhe. Zaubermärchen aus der Ukraine. Berlin: Verlag Volk und Welt 1990. Erzählfassung von Michaela Brinkmeier.

Vom Armen und vom Rabenkönig
Bablojan, R. / Schumskaja, M. (Hg.): Märchen der Völker der Sowjetunion. Märchen aus der Ukraine, Belorussland und Moldawien. Moskau: Raduga-Verlag 1987.
N. N. (Hg.): Ukrainische Volksmärchen. Kiew: Verlag Dnipro 1978. Dort: Der arme Mann und der Rabenkönig. Erzählfassung von Michaela Brinkmeier.

Vom Glück, das auf die alten Tage kam
Mykytiuk, Bohdan (Hg.): Ukrainische Märchen. Düsseldorf, Köln: Eugen Diederichs Verlag 1979. Erzählfassung von Michaela Brinkmeier.

Die Märchen dieser Ausgabe sind orthographisch moderat an die neue deutsche Rechtschreibung angepasst worden, ohne dass dies im Einzelnen erwähnt wird. Trotz intensiver Recherche ist es uns nicht gelungen, alle herangezogenen Quellen oder die Rechteinhaber der in diesem Band abgedruckten Märchen ausfindig zu machen. Wir möchten uns dennoch bei allen Erzählern bedanken, dass sie zur Entstehung dieses Märchenbandes beigetragen haben. Berechtigte Ansprüche bleiben gewahrt.